U0800776

中国科学家爸爸思维训练丛书

给孩子的历史思维课

祝磊◎著

中国妇女出版社

图书在版编目（CIP）数据

给孩子的历史思维课 / 祝磊著. -- 北京 ：中国妇女出版社，2020.11（2023.2 重印）
（中国科学家爸爸思维训练丛书）
ISBN 978-7-5127-1902-6

Ⅰ.①给… Ⅱ.①祝… Ⅲ.①中国历史－古代史－少儿读物 Ⅳ.①K22-49

中国版本图书馆CIP数据核字（2020）第180006号

给孩子的历史思维课

作　　者：祝　磊　著
特约策划：刘文昕
策划编辑：肖玲玲
责任编辑：耿　剑　肖玲玲
封面设计：尚世视觉
责任印制：王卫东
出版发行：中国妇女出版社
地　　址：北京市东城区史家胡同甲24号　　邮政编码：100010
电　　话：（010）65133160（发行部）　　65133161（邮购）
网　　址：www.womenbooks.cn
法律顾问：北京市道可特律师事务所
经　　销：各地新华书店
印　　刷：北京中科印刷有限公司
开　　本：165×235　1/16
印　　张：16.75
字　　数：200千字
版　　次：2020年11月第1版
印　　次：2023年 2 月第5次
书　　号：ISBN 978-7-5127-1902-6
定　　价：59.80元

序

中国是文明古国，历史悠久，记述历史的传统也很悠久。据说，从我国第一个朝代夏朝开始就设置了专门的史官，来记录国家大事和帝王言行。自那时起，历代史官便留下了海量的文字记载，绵延不断地展现了我们中国是怎样一步一步走过来的，我们中国人又是怎样一步一步走过来的。

中国的历史典籍浩如烟海，作为正史的《二十四史》卷帙浩繁，就连《资治通鉴》也有294卷，还不算考异、目录文献。我们既没有可能，也没有必要非得抱着它们硬啃，不妨先从阅读一些中国历史的精选故事开始，等长大了，如果有进一步的兴趣，再去读《二十四史》或者其他史学专著也不晚。

在阅读中国历史故事的过程中，我们会发现，这些故事都很精彩，人物个性鲜明，语言活泼有趣，行为刻画生动。一方面是由这些故事本身决定的，它们本来就是好故事；另一方面是记载这些故事的史官，文笔生动，给故事锦上添花。我们大量阅读这些历史故事，不仅可以丰富我们的文学素养，而且可以培养我们的历史思维能力。

在阅读中国历史故事时，我们一定要勤于思考。孔子曾说："学而不思则罔。"意思是光看书学习却不动脑子想问题，就会对书里的问题迷惑不解。阅读历史故事的同时开动脑筋，可以锻炼自己的历史思维能力。这样，我们的脑子就不会变成堆满一摞摞历史资料的仓库，而是变成一台人工智能处理器，能够根据这些历史资料分析世事更迭、往来古今。英国哲学家、作家弗兰西斯·培根说“读史使人明智”，大约就是这个意思。

那么，历史思维能力指的是什么？又如何有意识地培养呢？比如说，我们读一个历史故事，如果这个故事出自《二十四史》这样的正史，通常来说，故事的原文比较简练，因为是用文言文写的。古代史官写字很费劲儿，一开始是用刀刻在竹简上，所以必须惜墨如金，不然累断手筋，故事必然会有很多信息没有交代。

举个例子，与《二十四史》同为正史的《资治通鉴》，记载“赤壁之战”只用了区区三千字。这场决定了天下三分的曹操、孙权、刘备大战，当然不可能只用三千字就能说明白。《三国演义》里讲“赤壁之战”，用了八万字，增补了很多情节，当然《三国演义》是小说家言，未必完全真实。但是，至少说明正史里记载的空白处还是蛮多的，有很多文章可以做。

所以，我们在读历史故事时，既要看到正史里写的内容，也要想到正史里没有写的内容，这就要有意识地培养历史思维能力。还是拿“赤壁之战”来说，我们要思考当时的历史生活情境：当时名义上的朝廷统治力如何；曹操、孙权、刘备三家实力对比怎样；除了这三家还有没有其他的割据势力；等等。这些问题都要放到当时的历史背景下去思考，才能理解赤壁之战的前因后果。

另外，要采取视域融合的角度看问题。在阅读历史故事之前，我们或许对历史已经有了一定的认识。比如说，我们很可能已经看过电视剧《三国演义》，对唐国强扮演的诸葛亮巧借东风崇拜不已，但是当我们看到《资治通鉴》里的诸葛亮，就会发现原来诸葛亮没那么神。这时我们就需要修正自己的认识，区分清楚小说、艺术作品和历史的差别。更进一步讲，同样是正史，《三国志》和《晋书》对诸葛亮的记载也有区别，也需要我们对比分析，作出自己的思考判断。我们的所见，也就是我们的视域，应该在阅读历史的过程中不断修正融合，而不是拿一个固定不变的视域去“框”历史，否则我们拍出来的历史老照片就永远定格在过去了。

然后，要注意发散性思维方式的训练。不仅想到眼前这一个历史事件，还要想想这个事件跟其他历史事件之间的联系，比如“赤壁之战”和“淝水之战”都是中国历史上有名的以弱胜强的战例，它们有什么共同点和不同点？曹操和诸葛亮都是丞相，为什么诸葛亮当丞相的名气比曹操大得多，被当成了丞相的标杆？以至后人一提到丞相，想到的就是诸葛亮而不是曹操。

历史思维包括多方面能力，需要有意识的训练。但是前提一定是深度阅读，像苏联教育家苏霍姆林斯基所说的“阅读、阅读、再阅读”。只有读得多了，我们才能把这些历史装进脑海里。弗兰西斯·培根说：“一切知识的获得是记忆。记忆是一切智力活动的基础。”首先是记下来，然后对这些输入的记忆进行加工处理输出，我们就会变得更聪明。

假以时日，我们就会惊喜地发现：我们能够理解历史发生的时间和空间背景，能够掌握切实可靠的历史证据，能够实事求是地分析历史问题，能够作出合情合理的历史解释，能够懂得我们祖国五千年来生生不息的伟大。这就是我们学习历史时需要具备的核心素养。

笔者是标准的理工科出身，目前所做的也是自然科学研究和教学工作，甚至所从事的土木工程学科本身给人的感觉也有点儿土、有点儿木，但是这是最古老的学科，没有之一。从原始人类直立行走，开始在树上筑巢、在地里挖洞，就诞生了土木工程。所以我认为，土木工程与历史同在。我在研究土木工程之余，有兴趣也研究了一下历史，比如读读《资治通鉴》。从理工科的背景看历史，或许跟历史科班的人眼光会不太一样吧。从另一个方面来看，恩格斯曾经说“凡不是自然科学的科学都是历史科学”，我理解这是说自然科学和历史科学共同构成科学这个全集。那么研究自然科学的人也有必要研究历史科学，这样才不至于狭隘到认为自然科学能够解决人类社会的所有问题，当然反过来也一样。

正如《资治通鉴》书名的含义，我们读历史，是为了把历史作为一面镜子，照见我们自身，汲取历史的经验教训，改正自己的缺点，不断提升自己。习近平总书记指出：“历史是一面镜子，从历史中，我们能够更好看清世界、参透生活、认识自己；历史也是一位智者，同历史对话，我们能够更好认识过去、把握当下、面向未来。”

历史，是由人创造的。青少年朋友们，当我们读了很多历史故事后，我们就会越来越深刻地体会到，天地间，人是第一位的，所以，仁者爱人。我们今天要学习唱歌、跳舞、画画、书法、足球、篮球、跳绳、游泳、滑冰、演讲、英语、编程……因为我们是世界的未来，肩负着建设未来世界的重任，学会了很多的技能，就要利用这些技能来爱护别人、造福世界，而不是欺负别人。唯其如此，这个世界才会越来越美好。

希望这个世界会越来越美好！

目录

第4章 苏秦和张仪纵横天下

第5章 战国四公子的用人方法

第6章 燕昭王和乐毅的互相信任

第7章

短命的秦王朝

第8章

楚汉相争

第9章

赤壁之战

第10章

淝水之战

第11章

梁武帝萧衍

晋国在春秋时就是一个超级大国，多次成为霸主。但到春秋末期，晋国大权旁落到范、中行、智、魏、赵、韩六家大夫手里。所谓“一山不容二虎”，何况是六只“大老虎”。所以他们互相争斗不休，范家和中行家被智家消灭了，智家成为势力最强者，眼看要一统晋国。可结果是，魏、赵、韩三家联合起来把智家消灭了，然后这三家瓜分了晋国。他们的争斗史，拉开了战国合纵连横的序幕。

在这个故事里，智襄子的思维很有局限性，只看到自家势力强大，看不到魏、赵、韩三家可能联合起来反对他。而韩康子、魏桓子和赵襄子三家思维就开阔得多，能跳出自身的局限，发现三家共同的利益。虽然他们单独都打不过智襄子，但团结起来就能一举消灭智襄子。

所以，做事情要有发散性思维，看得长远一些，不要只看眼前。

第 1 章

魏、赵、韩与智家的争斗

要有发散思维，不要只看眼前

三家分晋

周武王打败商纣王，灭掉商朝以后，建立周朝，他分封了很多诸侯国。刚开始这些诸侯国都听周朝天子的命令，后来有些诸侯国势力强大了，就不把周朝天子放在眼里，他们开始互相争斗、抢夺地盘，而周朝天子拿他们没办法，只好听之任之。再后来，诸侯国里的臣子也开始你争我夺，周朝天子仍然采取姑息纵容的策略，在公元前403年承认魏、赵、韩三家大夫成为诸侯。这个事件标志着春秋礼制的崩坏，历史进入战国时代。

公元前403年，周威烈王任命晋国的大夫魏斯、赵籍、韩虔三人为诸侯。

我们知道，当时还是周朝，也就是周武王打败商纣王后建立的朝代。但是这个时候，周朝已经很衰弱，周威烈王只是名义上的天子，他的地盘只有洛阳一带，很小的一块，中国其他地方都遍布着大大小小的诸侯国。

晋国是春秋时期一个实力很强大的诸侯国，它的地盘大概在今天山西、陕西、河北、河南、山东和内蒙古一带，面积很大（今天山西的简称“晋”，就跟晋国有关）。

“威烈王二十三年（戊寅，公元前403年），初命晋大夫魏斯、赵籍、韩虔为诸侯。”《资治通鉴》的故事正式开始。

晋国的一位君主晋文公重耳位列“春秋五霸”之一，他的一生也有很多有趣的故事，但他生活在公元前697年（或公元前671年）到公元前628年，比公元前403年早了200多年，所以《资治通鉴》里没有讲到他。

到周威烈王的时候，晋国的朝政大权已经不掌握在晋国国君手里，而是落到了三家大夫，也就是大臣魏斯、赵籍、韩虔手里。

这个“大夫”不是现在的“大夫”，大（dà）夫是古代一种官职，大（dài）夫是指医生。

周威烈王觉得晋国事实上已经被魏、赵、韩三家瓜分了，他就做了一个重要的决定——承认魏、赵、韩为诸侯。也就是说，把他们三家的地位提高了一级，跟其他的诸侯国秦、楚、齐、燕平起平坐，而晋国诸侯自此就基本不存在了。这件事情叫作“三家分晋”，它标志着春秋时代的结束，战国时代的开始。

司马光眼中的“三家分晋”事件

司马光把这件事情作为《资治通鉴》的开篇，因为他认为这是一个非常重要的转折点。孔子的《春秋》所记录的历史结束于公元前481年，而《资治通鉴》所记录的历史开始于公元前403年，这中间有将近80年的空当。司马光特意选择从公元前403年开始讲述，就因为“三家分晋”。

虽然“三家分晋”的故事司马光只写了一句话，但是他紧接着写了一段长长的评论，可见他对这个事件的重视。

司马光写了些什么呢？

他对周威烈王承认魏、赵、韩为诸侯很不满意，他认为天子就应该是天子，诸侯就应该是诸侯，大夫就应该是大夫；从上而下，天子统治诸侯，诸侯统治大夫，大夫不应该升级为诸侯。即使事实上晋国已经被魏、赵、韩瓜分了，周威烈王也不应该承认他们为诸侯。

“诸侯”和“大夫”的名分很重要，不可以随便任命。

正因为周威烈王随随便便就把“诸侯”的名分给了原来的“大夫”，天下人才会不尊重他，周王朝也就越来越衰弱，导致最终灭亡了。

关于“三家分晋”的其他观点

> 魏、赵、韩三家瓜分晋国后，魏国的地盘大致在今天山西南部、河南中北部、陕西东部、河北南部；赵国的地盘大致在今天河北、山西、陕西、内蒙古以及河南、山东一带；韩国的地盘大致在今天山西南部及河南北部，它的地盘是最小的。要注意，这个韩国和今天位于中国东边的韩国不是同一个。

不同的人对同一个历史事件会有不同的看法。

“三家分晋”是一个历史事实，司马光写进《资治通鉴》里的评论是他个人的看法。虽然他是一位伟大的历史学家，但他的评论只代表个人，别人可以有不同的看法。

比如，有人认为，天子、诸侯、大夫都是人当的，没有谁天生就是天子、诸侯或者大夫，周天子的位子是从商纣王手里抢过来的、商天子的位子是从夏桀手里抢过来的……这些位子从来都不是万古不变的。

后来揭竿而起反抗秦王朝的陈胜说过一句很有名的话：“王侯将相，宁有种乎？”民间也流传这样一句话：“皇帝轮流做，今年到我家。”

想一想

司马光为什么认为“三家分晋”这件事情很重要？你觉得大夫可以升级为诸侯吗？为什么？

选择继承人，是一个大问题

天子、诸侯、大夫都要选择继承人来掌管家族大业，到底按什么标准选择呢？是选择最勇武的，还是选择最聪明的，或是选择最仁德的？晋国大夫智宣子给出了他的答案，但是在他选的继承人智瑶手里，智家灭亡了。另一位晋国大夫赵简子采取的办法是花三年时间考验他的两个儿子，根据他们的表现来确定谁适合当继承人。唐朝诗人白居易写过两句诗："试玉要烧三日满，辨材须待七年期。"也是说判断一个人需要经过长时间考察。同样地，俗话说"路遥知马力，日久见人心"，这句话告诉我们，时间长了才能了解一个人。结果赵简子选择的继承人无恤把赵家的基业做大，奠定了赵国的基础。

在魏、赵、韩三家逐步强大之初，晋国还有一家更强的大夫——智家，当家人叫作智宣子。

智宣子打算选择其中一个儿子——智瑶——作为智家的继承人，但是族人智果反对，认为智宵更合适。为什么呢？

智果的观点

智果说："瑶有五个优点，但是有一个缺点。优点之一，他留着好看的胡子，身材高大；优点之二，他会射箭、会驾车，力气很大；优点之三，他有很多才艺；优点之四，他能言善辩；优点之五，他坚毅又果敢。可是，他的缺点是不仁义。他这五个优点都超出常人，却用来做不仁义的事，那谁能容忍他呢？如果要立瑶为智家继承人，智家必定会灭亡的。”

但是智宣子并没有听智果的话，仍然选择由智瑶来继承智家大业。智果很失望，就脱离了智家，自立为辅家。

智宣子的观点

智宣子为什么不听智果的建议呢？也许是因为他觉得智瑶的五个优点很厉害吧！

今天的孩子们从小就要学习唱歌、跳舞、画画、书法、足球、篮球、跳绳、游泳、滑冰、演讲、英语、编程……简直十项全能，无非都包括在智瑶的五个优点里了嘛。

智宣子也跟今天的爸爸妈妈一样，对这样全面发展的儿子百分百满意，果断选为继承人。可是他忘了一点，智瑶为人不仁义，那他所有的优点只会让他更有能力做坏事。

一个人老是做坏事，大家肯定都反对他，那他的下场就很不妙了。中国有一句老话叫“多行不义必自毙”，智瑶后来做了很多不仁义的事情，终于被魏、赵、韩三家联合起来消灭了。

智果的预言成真了。

用人的时候，是德重要还是才重要？

中国古代是很看重“仁义”的，孔子就特别推崇“仁政”，他解释什么叫“仁”，就是“仁者爱人”，爱家人、爱朋友、爱所有人。你爱别人，别人才会爱你。

智瑶就不懂得爱人，所以别人也不爱他。他总是欺负别人，大家都不喜欢他，团结起来把他消灭了。

现在，我们也很看重“仁义”，要求孩子德、智、体、美、劳全面发展，而“德”就接近于“仁义”。“德”的位置排在第一，可见它有多重要。另外还有一个词叫德才兼备，“德”排在“才”的前面。

司马光就“德”和“才”的关系，写了篇400多字的评论，可见他也是很重视这个问题的。

司马光说：“德才兼备的人是圣人，无德无才的人是愚人；德胜于才的人是君子，才胜于德的人是小人。君子用他的才做好事，小人用他的才做坏事。智瑶之所以灭亡，就是因为他才胜于德，用他的才做了坏事。”

司马光的这个评论，我想今天也是能为大家所认可的。

延伸故事

我们再看魏、赵、韩三家中的赵家当家人赵简子，他有两个儿子，老大叫伯鲁，老二叫无恤。

赵简子也跟智宣子一样，需要选择继承人，到底选谁好呢？赵简子想了一个办法，他写了同样的两套竹简，内容都是训诫的话。他分别交给两个儿子，要他们好好学习，认真记住。

三年之后，赵简子问他们的学习情况，结果伯鲁什么也说不出来，还把竹简弄丢了；无恤则很熟悉竹简上的内容，而且把竹简随身放在衣袖里。两厢一对比，赵简子认为无恤是个贤人，就立他为继承人。

如果你是赵简子，你会选谁呢？我想，你也会选无恤吧，因为他好好学习，天天向上。

如果当初智宣子挑选继承人的时候，也像赵简子这样考察三年再做决定，也许结果会不一样吧。

看一个人是好是坏，需要一个过程，不能急急忙忙下结论。

继承人智瑶的结局

> “襄”这个名字叫作“谥号”，就是人死后追认的称号，一般会描述死者一生最突出的特点。“子”是一个尊称，就跟孔子、孟子一样。“智伯”也是对智瑶的尊称。

智宣子死了之后，智瑶继承了家业，历史上称他为**“智襄子”**，有时也称为“智伯”。下面为了方便，我们就统一叫他“智襄子”。

智襄子有一天请韩康子、魏桓子喝酒。不消说，韩康子、魏桓子分别是韩家和魏家的当家人，“康”和“桓”也都是谥号。

喝酒本来是件很开心的事，但是智襄子却戏弄韩康子，还侮辱他的家臣段规。智襄子的手下智国（与“智果”不是一个人）就提醒他：“激怒对方而不加以提防的话，一定会有灾难的。”智襄子却不以为然，哈哈大笑，说：“只有我才能发起灾难，我不发起的话，谁敢轻举妄动？！”智国回答说：“不是这样的。君子小心谨慎，所以不会有大灾难。您今天请韩家喝酒，却侮辱韩家的主人和手下，还不提防他们，说他们不敢发难，恐怕不行吧？蚊子、蚂蚁、蜜蜂、蝎子都能害人，何况韩家的主人和家臣呢？！”

你觉得智襄子会听从智国的劝告吗？当然，毫不意外，智襄子完全没有听进去。大概他觉得自己有五大优点，样样都比别人强，只有他去欺负别人的份儿，别人哪敢欺负他？

想一想

司马光非常看重人的德行，我们今天也很看重人的德行，这个看法1000年来没有什么变化，这是为什么呢？智襄子为什么不听智国的劝告呢？

骄傲的智襄子灭亡

晋国大夫里，智襄子势力最大，韩康子、魏桓子和赵襄子都比他弱小，所以智襄子不把他们放在眼里，常常欺压他们。一开始，韩康子和魏桓子都忍气吞声，但是赵襄子没有屈服。于是智襄子就带着韩康子和魏桓子去攻打赵襄子，结果智襄子先胜后败，满门被杀，智果当初的预言成真了。骄兵必败，说的就是智襄子吧。

智襄子既然已经欺负了韩康子一回，很快就有第二回，这次他开口找韩康子索要土地。

这就过分了。无缘无故人家凭啥要给他土地呢？所以韩康子一开始的反应是不给。他的家臣段规，也就是上次喝酒跟韩康子一起受辱的人，却发表了不同意见："智襄子这个人贪图利益，又很自负，不听别人意见。如果不给他土地，他一生气就会来打我们；不如顺他的意，给他土地。他得了好处一高兴，一定会找别人再要土地；别人要是不给，他肯定会去打人家。那我们就避免了祸患，还可以等待事态变化。"

韩康子一听有道理，连声说好，痛快地送给智襄子一大片土地，包括万户人家。

智襄子当然很高兴。于是他又找魏桓子要土地。

魏桓子一开始的反应也跟韩康子一样，打算拒绝。他的手下任章问魏桓子："为什么不给呢？"魏桓子说："无缘无故来索要土地，所以不给。”任章说：“无缘无故索要土地，大家一定会害怕；我们如果答应他的要求给予土地，他一定会骄傲。他骄傲又轻敌，大家都因为害怕他而互相亲近。我们大家联合起来对付他，智襄子的命就不长了。主公不如给他土地，让他更骄傲，然后联合其他人对付他，我们何必要单独对付智襄子呢？”

魏桓子一听，也跟韩康子一样，连声说好，痛快地给了智襄子一大片土地，还有万户人家。

智襄子的胃口越来越大

智襄子在韩家和魏家连连得手，胃口越来越大，他又去找赵襄子，也就是无恤，索要土地。赵襄子大概是刚接赵简子的班，年轻气盛，不假思索地一口回绝了。

智襄子立马就怒了，叫上韩、魏两家就去攻打赵襄子。

赵襄子寡不敌众只能逃跑，问手下人该去往何方，手下人说：“长子（今属于山西长治）这个地方离得近，城墙很坚固、很完整。”

赵襄子说：“老百姓累得筋疲力尽才把城墙修好，现在又要拼死守城，他们不会听从我的吧？”

手下人又建议去邯郸（今河北邯郸），因为那里粮食充足。赵襄子又不同意，说：“用从老百姓那儿征收的粮食把仓库填满，现在打仗，要让他们送命，他们也不会听从我的！我想起晋阳来了，那是当年我父亲选的地方。他派尹铎去那儿做官，尹铎对晋阳的老百姓很是宽厚，老百姓肯定会听从我的。”于是赵襄子带上人马，逃往晋阳。

韩、魏、赵三家反击智襄子

智襄子、韩康子和魏桓子带着三家大军团团围住晋阳城，放水灌城，差一点儿就要漫过城墙了。晋阳老百姓的灶里因为进水都生了青蛙，可是老百姓一点儿也没有背叛赵襄子的意思。

智襄子在灌水的时候，魏桓子给他驾车，韩康子陪在旁边。智襄子于是得意地说："我今天才知道水可以灭亡别人的国家啊！"

听到这话，魏桓子用手肘碰了下韩康子，而韩康子也踩了下魏桓子的脚，因为他们都想到了，日后这水也可以灌他们的家。

智襄子的手下絺疵看到了这一幕，就对智襄子说："韩、魏一定会背叛您的！"智襄子很诧异地问："你怎么知道的呢？"絺疵回答说："我按常理推测的。我们带着韩、魏两家一起攻打赵家，赵家要是灭亡了，下面就该轮到韩、魏遭殃了。今天赵家城池被水淹了，城中没有粮食，马匹都被宰掉吃了，眼看他们就要投降了。我们三家瓜分赵家的土地，可是韩康子和魏桓子一点儿也不高兴，反而面有忧色，这不就是要背叛我们吗？"

第二天，智襄子把絺疵的话告诉了韩康子和魏桓子，他俩赶紧为自己辩解："这是坏人进谗言，为了给赵家帮忙，让您怀疑我们，就松懈于攻打赵家。我们怎么会放着马上到手的赵家的土地不要，却去做背叛您这么危险的事情呢？"

智襄子觉得有道理，就让他们走了。絺疵马上进来，问智襄子："您怎么把我昨天跟您说的话告诉他们了？"智襄子诧异地问："你怎么知道的？"絺疵回答说："他们刚才出来时看见我很严肃，还走得很快，所以我知道您一定是告诉他们了。"

智襄子被絺疵看穿了，很不高兴。絺疵就找了个借口，请求出使齐国去了。

赵襄子看形势危急，就派手下张孟谈偷偷从城里溜出去见韩康子和魏桓子。张孟谈跟韩、魏二人说："在下听说唇亡齿寒。现在智襄子带你们两家攻打我们，我们如果被消灭了，下面就轮到你们了。"

韩、魏二人说："我们心里都明白，就是怕事情没办成却走漏风声，那就大祸临头了。"张孟谈说："计谋出自您二位之口，只有在下听见，怎么会泄露机密呢？"

韩、魏二人就放心了，偷偷与张孟谈约定，到时候共同行动。于是，赵襄子趁夜色派人杀死智襄子安排守大堤的官吏，凿开大堤水淹智襄子的大军。

智襄子的军队被大水给冲乱了，韩、魏两家趁乱从两边袭击智襄子，赵襄子带兵从正面攻打智襄子，一举彻底把智襄子打垮了。

大胜之后，赵、韩、魏三家就杀光了智襄子和他家族的人。只有智果因为之前另立门户，改名辅果，得以幸免。

想一想

为什么晋阳的老百姓没有背叛赵襄子？而韩、魏两家却背叛了智襄子？

忠义的刺客豫让

智襄子被杀以后，他的势力也烟消云散，但是他的一个臣子豫让却对他忠心耿耿，立志为他报仇，三番五次去刺杀赵襄子。豫让的忠义甚至感动了赵襄子，虽然他们是死对头。古人对“忠义”两个字看得很重，忠义的关羽、忠义的梁山好汉的事迹都千古流传。

话说消灭智襄子后，韩、魏、赵三家瓜分了智家的土地。赵襄子还砍下了智襄子的头，以泄心头之恨。

智襄子的手下有个叫豫让的，想为智襄子报仇，就伪装成受刑的人，身藏匕首，混入赵襄子的宫中打扫厕所。赵襄子上厕所的时候，突然感到心神不宁，就派人搜查，抓住了豫让。

赵襄子的手下要杀掉豫让，赵襄子说：“智襄子满门被杀，没有后代，但是这个人却要为他报仇，真是义士啊！我小心地离他远一点儿好了。”赵襄子就把豫让放了。

豫让还不死心，他用药品涂在身上，弄得满身疮疤，又吞下火炭，把嗓子烫哑，然后装扮成乞丐沿街乞讨，他的妻子都认不出他。路上遇到他的朋友，朋友认出他，哭道：“以你的才干，如果投靠赵襄子，他一定很亲近、赏识你。你见机行事，不是很容易吗？何必要自残呢？！这样报仇，不是太难了吗？”

豫让说：“不能这样！既然投靠他，又要杀死他，这是有二心。我现在所做的，确实极其困难。我这么做，是要叫后世天下怀有二心的人惭愧。”

有一天，赵襄子出门，豫让埋伏在桥下。赵襄子骑马到桥上，马突然受惊，赵襄子又派人搜查，抓住了豫让。这次，赵襄子没有再放过豫让，下令把豫让杀了。

豫让奋不顾身复仇的原因

为什么豫让要奋不顾身地为智襄子报仇呢？

就在赵襄子第二次抓住豫让的时候，他质问豫让："你从前投奔范家和中行家，后来智襄子把这两家都灭了。你不为这两家报仇，反而投靠智襄子。现在智襄子死了，你为什么一定要为他报仇呢？"

豫让回答说："我为范家和中行家效劳时，他们像对待一般人那样对待我，所以我也像一般人那样对待他们。而智襄子像对待国之栋梁那样对待我，所以我也像国之栋梁那样报答他。士为知己者死，女为悦己者容。"

豫让说的这番话，后人把它总结为"众人国士"之论，"众人"指的是普通人，"国士"指的是国之栋梁。

豫让赴死

赵襄子听到这番话，不由得喟然长叹，洒泪说道："豫让啊豫让，阁下为了智襄子做得够多了；寡人之前赦免了你，也做得够多了。今天阁下自行了断吧，寡人不再饶恕你了。"

豫让毫无惧色，说："在下听说明君不掩盖别人的美德，忠臣有为美名而死的义气。之前您已经宽恕过我一次，天下人都称颂您的贤明。今天我甘心受死，只有一件事情请求您。我请求您把衣服脱下来，我用剑刺您的衣服，就算是给智襄子报仇，我也就死而无憾了。”

赵襄子大为感叹，就让人把他的衣服拿给豫让。豫让长剑出鞘，跳上前去刺穿衣服，大笑道：“我可以下去与智襄子相见了！”说完就横剑自刎了。赵国很多人得知这件事后，都为豫让悲伤痛哭。

这件事情《资治通鉴》中没有记载，司马迁在《史记·刺客列传》中写了，有兴趣的读者可以去读一读，里边除了写豫让，还写了其他几位著名的刺客，比如刺杀秦王的荆轲。

晋国，就是一个缩小版的战国，范、中行、智、魏、赵、韩六家大夫互相厮杀。智家是螳螂捕蝉，灭掉了范家和中行家，没想到魏、赵、韩三家是黄雀在后，合起伙儿来把智家消灭了。

三家分晋之后，战国时代各诸侯国也像晋国六家大夫一样，合纵连横，上演了一个又一个精彩的故事。当今世界，大大小小的国家之间，也是各种钩心斗角；今天是朋友，明天就变成敌人，跟晋国或者战国时代是不是很像？

想一想

你怎么看豫让的“众人国士”论？如果你是豫让，你会怎么做呢？

三家分晋

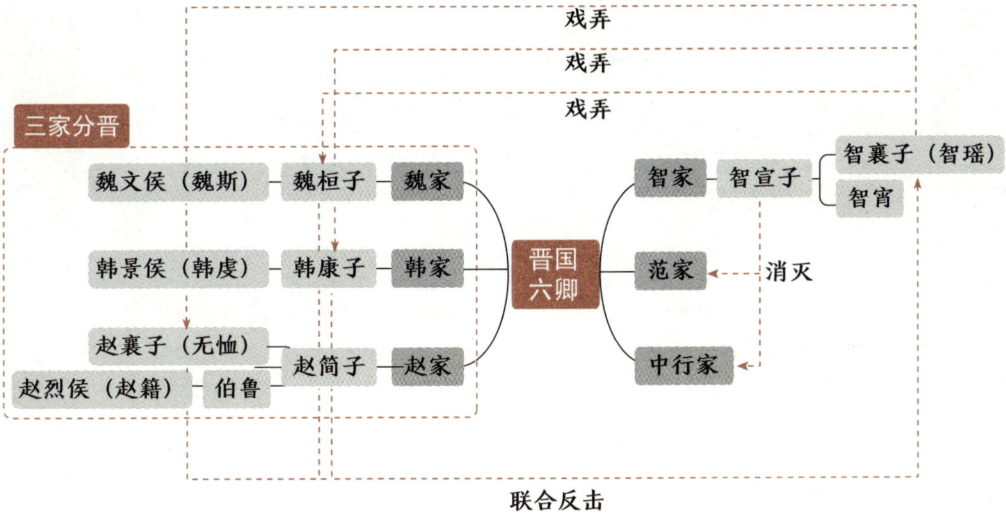
戏弄
戏弄
戏弄
三家分晋
魏文侯（魏斯）
魏桓子
魏家
韩景侯（韩虔）
韩康子
韩家
赵襄子（无恤）
赵简子
赵家
赵烈侯（赵籍）
伯鲁
晋国六卿
智家
智宣子
智襄子（智瑶）
智宵
范家
消灭
中行家
联合反击

三家分晋之后，魏国成为魏、赵、韩三国里最强大的，因为魏国的国君魏文侯魏斯虚心好学、知人善任，手下文臣武将众多。他起用李克、西门豹、吴起、乐羊等人，为他出谋划策、开疆扩土，赵国和韩国国君都承认他为“大哥”。特别是战神吴起，在魏文侯时代立下赫赫战功。可是魏文侯驾崩以后，他的儿子魏武侯魏击继位。魏武侯一开始也很信任吴起，但是后来听信谗言，逼走了吴起，魏国也就从此逐渐衰落。可见，能否正确用人是一国兴衰的关键。

在这个故事里，刚好有魏文侯和魏武侯作为正反面的对比，我们从中可以培养逆向思维能力：魏文侯善于用人，魏国就兴盛；魏武侯不善于用人，魏国就衰落。假如魏文侯和魏武侯对调各自的做法，结果会怎么样呢？

第2章

魏国的兴衰

掌握逆向思维，想想反过来会怎样

魏文侯善于接受别人的意见

魏文侯善于治国，招揽了很多贤人辅佐他，而且他虚心接受这些贤人的批评意见，勇于改正自己的错误。这是很不容易做到的，我们普通人听到批评还会不高兴、不接受，何况他是一国之君，掌握着生杀予夺的权力。

魏桓子有个孙子叫魏斯，他后来继承了魏国的家业。在他这儿，周威烈王封他为诸侯，标志着战国时代的开始，我们在“三家分晋”一篇专门说过这件事。

魏斯的谥号是魏文侯，“文”这个谥号是很好的一个评价，说明魏文侯当政时做得很不错，慈惠安民。

魏文侯非常虚心好学，他拜当时的高人卜子夏、田子方为师；每当经过高人段干木的家时，都要在车上行礼。虽然段干木不一定会看见，但他这样做是为了表达对段干木的尊敬。所以，四方的贤人都来投奔他。

魏文侯守信、仁义

有一天，魏文侯跟文武大臣喝酒，非常高兴，不料突然下雨了。魏文侯命令备车去野外。左右说：“今天喝酒正喝得高兴，天又下雨，大王要去哪儿呢？”魏文侯说：“我跟掌管山川打猎的官员约好了去打猎，虽然现在喝酒很开心，但是怎么可以不去赴约呢？”说完他就去赴约了。

又有一天，韩国向魏国借兵去攻打赵国。魏文侯说：“寡人和赵国是兄弟，恕我不能遵命。”赵国也向魏文侯借兵去攻打韩国，魏文侯也同样回答。韩国和赵国都很生气地回去了。后来他们听说了魏文侯的两次回话，就很佩服魏文侯，都去朝拜他。所以魏文侯成为三晋（**战国时称瓜分晋国的韩、赵、魏为三晋**）中的最强国，诸侯都不能跟他争。

魏文侯从善如流

后来，魏文侯派乐羊讨伐中山国（**春秋狄人所建，又称鲜虞国。治所在今河北正定县东北**），攻下之后把其封给了儿子魏击。

有一天，魏文侯问群臣：“我是个什么样的君主呢？”大家都说：“大王是仁君。”只有任座说：“大王得了中山，不把中山封给兄弟却封给儿子，怎么能叫仁君呢？”魏文侯一听很生气，任座就赶紧跑出去了。魏文侯又问翟璜，翟璜回答说：“大王是仁君。”魏文侯问：“你怎么知道的呢？”翟璜说：“臣听说，国君仁慈的话，大臣就敢说实话。之前任座敢说实话，所以我知道大王是仁君。”魏文侯一听很高兴，让翟璜叫任座回来。魏文侯亲自下堂去迎接，把翟璜当作上宾。

魏文侯用人时善于听取意见

魏文侯问大臣李克：“先生曾经说：‘家里穷就想娶贤惠的妻子，国家乱就想纳贤良的宰相。’现在我需要在魏成和翟璜中选择一人当宰相，您有什么建议啊？”

李克回答说：“地位低的人不讨论地位高的人的事，关系远的人不讨论关系近的人的事。臣在宫门外，不敢随便乱说。”魏文侯说：“先生请不要推辞。”

于是李克不再犹豫，说：“大王您没有仔细观察。看一个人，要看他日常起居亲近哪些人、富贵之后资助哪些人、发达之后推举哪些人、不得志时不做哪些事情、穷困时不拿哪些东西。有这五方面就足以决定了，哪还需要问臣呢？”

于是魏文侯明白了，他说：“先生您回去吧，我的宰相定好了。”

延伸故事

李克从魏文侯的宫里出来后遇到翟璜。翟璜问他：“我听说大王召见先生问宰相的人选，到底是谁呢？”李克说：“是魏成。”

翟璜愤然变了脸色，说：“西河（**西河郡，辖境相当于陕西东部黄河西岸地区**）的守将吴起，是我推举的；大王担忧邺地（**今河北临漳西南**）安危，我推举西门豹；大王想讨伐中山国，我推举乐羊；攻下中山国后，没有守将，我推举先生；大王的儿子没有老师，我推举屈侯鲋。您看看，我哪一点不如魏成呢?！”

李克说：“您当初推举我给大王时，难道是拉帮结派为了当大官吗？大王问我谁适合当宰相，我就如实回答。我之所以知道大王一定会选魏成，是因为魏成的俸禄很高，但是十分之九给了外人，十分之一留给自己，所以他能得到卜子夏、田子方、段干木。这三个人，大王都拜他们为师；您所推举的五个人，大王只把他们当臣子。您哪里能跟魏成比呢？”

翟璜一听，来回绕了几圈，向李克一拜，说：“我翟璜是个没有见识的人，刚才说错话了，请先生收我为弟子。”

想一想

作为一国之君，魏文侯为什么要听别人的，不听自己的呢？

吴起的悲剧

吴起是我国古代著名的军事家，跟“兵圣”孙武齐名。他打仗时跟士兵同吃同住，所以士兵都拼命为他作战，他也因此立下赫赫战功。他除了带兵打仗之外，还治理国政，锐意改革。可是，他的下场很惨。他的对头评价他为人刚直自负，也许正是这种性格给他带来了杀身之祸吧。

吴起是卫国人，在鲁国当官。齐国人攻打鲁国，鲁国人打算让吴起当主将，但是吴起的妻子是齐国人，鲁国人有点儿怀疑，吴起就把妻子杀了，以表明对鲁国的忠心，然后请求当主将。鲁国国君就派他当主将，结果他大破齐军。

不久后，有人对鲁国国君说吴起的坏话：“吴起这个人，最开始跟着曾参学习。他母亲去世，却不回去为母亲办丧事，曾参就不愿意教他了。现在他为了当大王您的主将，又杀死自己的妻子。这个人真是残忍又没有德行！而且鲁国弱小，这次侥幸打了胜仗，其他诸侯就有借口打鲁国了。”

吴起听说之后，害怕受到处罚，又听说魏文侯贤明，就投奔魏国去了。

用兵如神的吴起在魏国

魏文侯问李克对吴起的看法，李克说：“吴起贪心，又好名利，但是他用兵如神，就算从前的战神司马穰苴（指田穰苴，齐国名将）也比不过他。”

于是魏文侯就封吴起为大将，派他去攻打秦国。吴起不负所托，一连攻下秦国五座城池。

吴起当主将时，与级别最低的士兵穿同样的衣服、吃同样的食物，睡觉时连席子都不铺，行军也没有车马，自己背着粮食，与士兵同甘共苦。

有个士兵身上长了疮，吴起便帮他吸吮伤口的脓。这个士兵的母亲听说之后放声大哭，旁人很奇怪，问她：“你的儿子只是一个士兵，吴起将军却为他吸脓，你为什么要哭呢？”她说：“不是这么简单啊！从前，吴起将军也给我儿子的父亲吸过脓，所以他父亲打仗时勇往直前，不久就死在战场上了。吴起将军今天又给我儿子吸脓，我不知道他将会死在哪儿，所以哭啊。”

魏文侯死后，他的儿子魏击继承了王位，就是魏武侯。

公元前387年的一天，魏武侯沿着西河顺流而下，到中游的时候，他对吴起说：“山河稳固是多么美啊，这是魏国之宝啊！”

吴起回答说：“魏国之宝在于德行，而不在于山河险阻。从前的三苗氏（古族名），左边有洞庭湖、右边有鄱阳湖，可是不讲德行道义，结果被大禹消灭了；夏朝的桀占据的地盘，左边有黄河济水（古水名）、右边是华山、南边是伊阙山（山名）、北边是羊肠坂（指太行山上的坂道，位于山西），可是不行仁政，结果被汤放逐了；商纣王的国家，左边是孟门山（古山名）、右边是太行山、北边是常山、南边是黄河，可是也不行德政，结果被周武王杀了。由此看来，国家之宝在德行而不在天险。如果国君不修德行，船中的人都会变成敌人。”魏武侯连声说好。

引申知识

五岳：中国古代五大名山的总称。即东岳泰山（在今山东泰安市北、南岳衡山（在今湖南衡山县西北）、西岳华山（在今陕西华阴市南）、北岳恒山（原在今河北唐县西北，明代改在今山西浑源县东南）、中岳嵩山（在今河南登封市北）。

吴起与田文论功的三个问题

魏国选宰相，选了田文。吴起很不高兴，问田文：“我请求与您论论功劳，可以吗？”田文说：“好。”吴起便问道：“带领三军将士勇敢作战，士兵都不怕死，敌国不敢来进攻，这件事儿上您跟我比怎么样？”田文说：“我不如您。”吴起又问：“领导百官、亲近万民、充实国库，这件事儿上您跟我比又怎么样？”田文说：“我不如您。”

吴起再问：“镇守西河，让秦军不敢向东进攻，韩国和赵国都跟随我们魏国，在这件事儿上您跟我比又怎么样？”田文说：“我不如您。”

吴起便质问道：“这三件事上您都不如我，可是您的官职反而在我之上，为什么呢？”田文回答说：“君主年少，国民都疑惧不安，大臣也没有真心归附的情况下，是该选您当宰相，还是选我当宰相呢？”

吴起无言以对，沉思了很久，说：“该选您当宰相。”

吴起中计逃亡楚国

多年以后，魏国宰相公叔娶了公主为妻，他不喜欢吴起。公叔的仆人建议道：“吴起很容易除掉。他这个人性格刚直又自负。您先跟大王说：‘吴起是个贤人，但是魏国太小，臣恐怕吴起没有久留之心，大王何不试探把女儿嫁给他？’吴起如果没有久留的心思，就一定会推辞的。您不妨找个机会跟吴起同行，让公主假装羞辱您，吴起看到公主看不起您，一定会拒绝大王的提亲，那您的计谋就成功了。”

公叔就依计行事，吴起果然中计，拒绝娶公主。魏武侯当然就对吴起产生了怀疑。吴起害怕被魏武侯除掉，就逃到楚国去了。

楚悼王早就听说吴起很贤良，马上就任命他当宰相。吴起上任后，制定法令并严格执行，裁减官员和地位低的不合格的贵族，把省下来的钱用来抚恤战士、增强军队战斗力，不听游说之人的合纵连横之策。

很快吴起就带领楚国大军打败了南边的百越（**古国名**），击退了北边的三晋，攻伐了西边的秦国。诸侯们都很害怕强大的楚国，但是楚国的贵族大臣却大多很怨恨吴起，因为吴起把他们的官职革除了。

公元前381年，楚悼王去世，贵族大臣们趁机作乱，群起攻打吴起，吴起跑到楚悼王的尸体上趴着。作乱的人射箭刺杀了吴起，同时也刺中了楚悼王。

安葬完楚悼王后，楚肃王继位，他命令令尹（**楚国官职名，相当于宰相**）把作乱的人全都杀掉，结果满门抄斩的有七十多家。吴起虽然死得很惨，但他靠在死前拉楚悼王做垫背，也算是为自己报了仇。

魏国在魏文侯当政的时候，手下贤人很多，魏武侯继位以后，却连一个吴起都留不住。孟子说：“得道多助，失道寡助。”魏文侯和魏武侯是不是有点儿这个意思？吴起跟魏武侯泛舟西河时，向魏武侯劝谏国君要修德，魏武侯非常赞同，但魏武侯有没有真正做到呢？

想一想

吴起打仗用兵如神，为什么还会中公叔的计呢？

魏国的兴衰

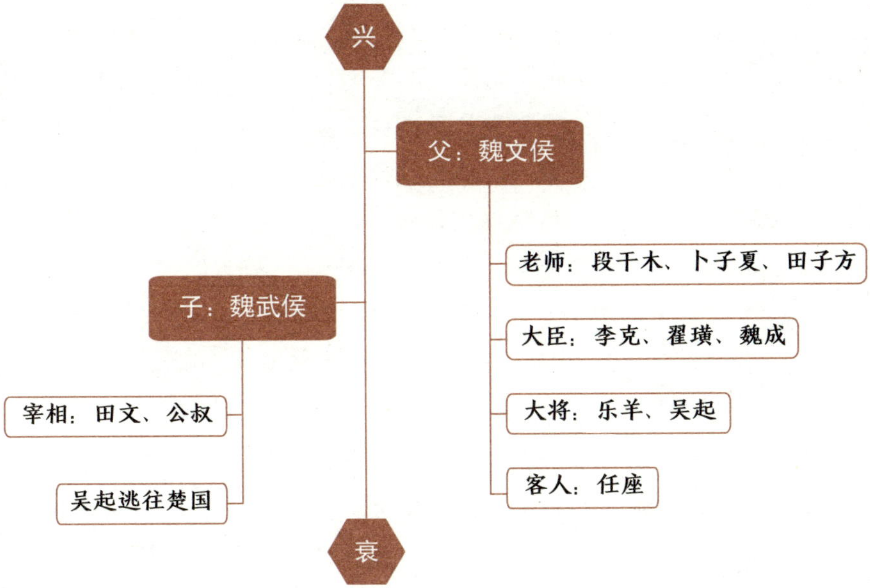
兴
父：魏文侯
老师：段干木、卜子夏、田子方
大臣：李克、翟璜、魏成
大将：乐羊、吴起
客人：任座
子：魏武侯
宰相：田文、公叔
吴起逃往楚国
衰

秦国本来是周朝远离中原的一个偏僻诸侯国，不太受其他诸侯国重视。战国初期，秦国地位不高，新继位的秦孝公很不满这种局面，发誓要让秦国强大起来。所以他积极招揽人才，终于找到了商鞅。而商鞅也确实不负所托，经过十六年的变法，把秦国建设得越来越强大，诸侯都来朝贺。商鞅也成为我国历史上第一位著名的标志性改革家，激励了后来者。宋朝的改革家王安石，写了一首题为《商鞅》的诗："自古驱民在信诚，一言为重百金轻。今人未可非商鞅，商鞅能令政必行。"这首诗表达了他对商鞅的赞颂之情。

在这个故事里，商鞅的思维方式极为创新，他说："成功的人都是跟大众不一样的，不会跟大众去商量。所以，圣人如果要强国的话，不会沿用以前的老路。"他在变法过程中，采取了一系列创新措施，包括但不限于立木赏金、奖励军功、惩罚私斗、设立县制、统一度量衡等。我们可以从中体会商鞅的大胆创新，不走寻常路。

第3章

成功的改革家商鞅

敢于标新立异，
培养历史创造思维

魏惠王不重用商鞅

商鞅一开始在魏国国相公叔痤的手下做事，公叔痤虽然知道商鞅很有才能，但一直没跟魏惠王提起过他。后来公叔痤病重，向魏惠王推荐商鞅，可是魏惠王却以为公叔痤病糊涂了，没把商鞅放在心上。商鞅就去了秦国，得到秦孝公的赏识。如果魏惠王当初听从公叔痤的建议，商鞅变法也许会发生在魏国吧。

公元前362年，刚刚21岁的秦孝公成为秦国的新国君。

当时黄河、崤山（位于河南西部）以东有六个强国，分别是燕、赵、韩、魏、齐、楚；淮河、泗水（位于山东西南部）之间有十多个小国，其中楚国、魏国跟秦国接壤。魏国和楚国觉得自己才是中国的正统，把秦国看作夷狄，也就是野蛮人，很排斥秦国，不让秦国参加他们的会议。于是秦孝公很愤怒，发誓要好好治理国家，让秦国强大起来。

秦孝公招贤

秦孝公下了一道招贤令：“从前我的先祖秦穆公，在岐山（古山名，在今陕西岐山县东北）和雍城（春秋时秦都，在今陕西凤翔县南）之间努力治理国家，往东平定了晋国的动乱，划定了黄河的边界；往西在野蛮人中称霸，地盘扩大了上千里；周朝天子都对秦国委以重任，诸侯也都前来朝贺，为我们子孙后代开创了伟业。可是后来的几任国君做得不好，国家内忧外患。三晋夺去了我们先祖黄河以西的地盘，真是莫大的耻辱。到我的父亲秦献公继位，他安抚边境，迁都到栎阳（**古县名，今陕西西安临潼区东北武屯乡古城**），打算东伐，恢复秦穆公时期的地盘，执行他的政令。寡人思念先王未竟的遗志，常常感到痛心。如果我的门客和大臣能出奇招让秦国变得强大，我一定让他做大官，还给他封地。”

卫国的公孙鞅听到后，就从魏国到了秦国。

魏惠王杀贤

公孙鞅是卫国王室的远亲后裔，所以人们又叫他卫鞅，后来因秦孝公封他为“商君”，又被称作商鞅。公孙鞅喜欢研究法家的学问。他在魏国时，曾给丞相公叔痤办事。

公叔痤发现他很有才能，但是还没来得及跟魏惠王举荐。后来公叔痤生了重病，魏惠王前去探望他，问他：“如果您不幸去世，国家该怎么办呢？”公叔痤说：“我手下的公孙鞅虽然很年轻，却是个奇才，希望大王把国家托付给他。”魏惠王听完没有说话。

公叔痤又说：“大王如果不听我的建议，不重用公孙鞅，那就请务必杀掉他，千万不要放他出魏国。”魏惠王答应了。

公叔痤又马上唤来公孙鞅，向他道歉：“我先为国君尽忠，然后才考虑你，所以先跟大王说要么重用你，要么杀掉你，然后才告诉你。请你赶紧逃跑吧！”公孙鞅回答说：“大王如果不采纳你的意见重用我，又怎么会采纳你的意见而杀掉我呢？”所以公孙鞅就没逃跑。

果然，魏惠王从公叔痤那儿出来后，跟随从说：“公叔痤病得太重了，太可悲了！一边跟寡人说要把魏国托付给公孙鞅，一边又跟我说要杀掉公孙鞅，这让我怎么做呢？”

公孙鞅在魏国一直没有得到重用，这才到了秦国。他通过秦孝公的宠臣景监介绍，见到了秦孝公。

公孙鞅跟秦孝公谈了一番富国强兵之术，秦孝公非常高兴，就跟他商议国事。

想一想

公叔痤向魏惠王推荐公孙鞅，为什么魏惠王却说公叔痤病得太重？公叔痤推荐的时机有没有问题呢？如果他在健健康康的时候推荐，结果会不会不同呢？

商鞅变法

商鞅获得了秦孝公的信任，开始大张旗鼓地变法，但是他遭到来自官员和百姓的阻力。他不为所动，强力推行新法，“一手拿着大棒，一手拿着胡萝卜”，终于变法成功。

公元前359年，公孙鞅的变法主张得到秦孝公的支持，他准备推行新的法令。这个消息一传出，很多贵族大臣都一起反对。

公孙鞅就跟秦孝公说：“老百姓一开始都是想不明白的，只有到最后变法成功了他们才会高兴。成功的人都是跟大众不一样的，不会跟大众去商量。所以，圣人如果要强国的话，不会沿用以前的老路。”

大臣甘龙不同意，他说：“不是这样。按以往的办法办事，官员熟悉，老百姓也会很安心。”

公孙鞅说：“常人安于现状，学者局限于自己所知道的范围，这两类人只适合于遵纪守法，不能跟他们讨论超出现成方法之外的东西。聪明人制定法规，蠢人受制于法规；贤良的人变更礼仪，不贤的人只会拘泥于礼仪。”秦孝公听了连声说好，马上任命公孙鞅为左庶长，制定变法的条令。

制定的法令大概是这样的：

- 把民众分成五家为一伍，十家为一什，互相监督；告发别人做坏事的跟上阵杀敌的人一样赏赐，隐藏不告的人跟上阵投降的人一样处罚。

- 立下军功的人，按军功授予爵位；私下争斗的人，按严重程度处以刑罚。
- 老百姓都要努力干活儿，种田收获粮食多的、养蚕织布多的，减免他们的赋税；不好好干活儿又懒惰而变穷的人，处罚他们当奴隶。
- 国王的亲族如果没有军功，就不能继承爵位。
- 规定爵位的尊卑等级，分配的田地、仆人、衣服各不相同。
- 有功之人就给他荣誉，无功之人就算有钱也不给他荣誉。

稳步推行新法

公孙鞅的法令制定好之后，没有马上颁布，他担心民众不信服，就在国都的南门立了一根三丈高的木头，对围观的百姓说：“谁把这根木头搬到北门，赏赐十金。”老百姓都感到很奇怪，没有一个人去搬木头。

公孙鞅就又下了一道命令：“能把木头搬到北门的人，赏五十金！”于是有一个人大着胆子去搬了，公孙鞅马上赏给他五十金。然后，公孙鞅正式下令变法。

新法施行一年后，秦国民众几千人到国都去反映新法施行起来不方便。就在那时，太子犯了法。公孙鞅说：“新法不能施行，是因为上层的人犯法后不按法令执行。太子是大王的继承人，不能处罚，只能处罚太子的老师公子虔和公孙贾。”秦国人一看太子的老师都被处罚了，第二天就开始遵纪守法了。

公孙鞅的新法施行了十年之后，秦国变得路不拾遗，山上也没有盗贼；民众勇于为国打仗，但是不敢私下争斗，国家治理得很好。一开始说新法施行得不方便的那些秦国人，来到国都改口说新法施行得很方便。

公孙鞅说：“这些都是扰乱变法的人！”就把他们流放到边境，之后再也没有人敢议论变法了。

公元前350年，公孙鞅在咸阳盖起宫殿，把秦国都城从雍城迁到咸阳。他命令百姓父子兄弟不得混住一堂；将各个小乡合并为一个县，县里设置县令、县丞，全国共有三十一个县；废除了井田（**相传是殷周时的一种土地制度，因土地划作井字形，故名**），开辟了阡（qiān）陌，并且制定了体积、重量和长度的标准。

阡陌，指田界，亦作“仟佰”，指田间小路。商鞅重新分配了秦国土地，划定了土地边界。

公元前343年，周显王给秦孝公授勋，诸侯们都来庆贺。秦孝公重用公孙鞅变法十六年后，终于恢复了当年他的先祖秦穆公的荣光。

引申知识

土地制度：在一定社会制度下人们占有土地的形式，是生产资料所有制的一个重要组成部分。人类社会迄今出现的土地制度有：氏族公社土地所有制、奴隶主土地所有制、封建土地所有制、资本主义土地所有制、社会主义土地所有制五种基本形式。其中氏族公社土地所有制和社会主义土地所有制属土地公有制，其余三种属土地私有制。

想一想

公孙鞅为什么要在国都的南门立一根木头？

商鞅的成功和失败

商鞅在治理好秦国的内政后，开始向外扩张，首当其冲的就是魏国——他曾经效力过的地方。他以欺骗的手段打败了魏国，被秦孝公封为“商君”，达到人生巅峰。但是，秦孝公死后，商鞅跟着就败亡了。盛极而衰，可悲可叹。

三年后（公元前340年），公孙鞅跟秦孝公说：“秦国和魏国的关系，就好像一个人有心腹大患，不是魏国吞并秦国，就是秦国吞并魏国。为什么这么说呢？魏国与秦国以黄河为界，占了崤山以东的地利。形势有利的话，魏国就向西侵略秦国；形势不利的话，魏国就向东扩张。现在大王贤德，国家强盛；而魏国之前大败于齐国，诸侯都背叛魏国，这个时候是讨伐魏国的好时机。魏国打不过秦国，一定会向东转移。然后秦国就可以占据黄河、崤山，向东制约诸侯，这是帝王大业啊！”秦孝公欣然同意，派公孙鞅带兵攻打魏国。

公孙鞅立功获得巨大封赏

魏惠王派公子卬带兵抵抗公孙鞅。两军一对阵，公孙鞅就给公子卬写了一封信：“我从前跟公子关系不错，今天各为其主，我不忍心攻打你。我们可以见面签订盟约，开开心心喝个酒，各自收兵，让秦国、魏国的民众安心。”

公子卬觉得很好，就跟公孙鞅见面，签订盟约，喝酒畅饮。不料公孙鞅埋伏了士兵，偷袭公子卬，借机攻打魏军，把魏军打得落花流水。

魏惠王害怕了，把黄河以西的土地割让给秦国，认输求和，还把首都从安邑（今山西夏县西北）迁到大梁（位于今河南开封）。魏惠王事后叹息道："我真后悔没有听公叔痤的话啊！"

公孙鞅立下这个大功后，秦孝公赏给他十五座城邑，封他为"商君"。

商鞅的悲剧

公元前338年，秦孝公去世，他的儿子秦惠文王继位。

秦惠文王从前的老师公子虔告发商鞅图谋造反，秦惠文王就派人去抓商鞅。商鞅逃到魏国，魏国人不接纳他，他又返回自己在秦国的封地。后来他被秦惠文王派来的军队杀死了，还被五马分尸，连带他一家上下也被杀死了。

当初，商鞅担任秦国丞相时，法律很严酷，处决的犯人流的血把渭水（指今黄河中游支流渭河）都染红了。他当丞相十年，很多人都怨恨他。

商鞅问他的一个熟人赵良："您看我治理秦国，跟五羖大夫百里奚比，谁更贤良？"

赵良说："一千人随声附和，不如一个人说真话。我如果说真话，请您不要杀我，可以吗？"

商鞅说："没问题。"赵良于是说："五羖大夫百里奚是楚国的底层人士，秦穆公把他从底层提拔上来当丞相。他当了六七年丞相，向东讨伐郑国，三次为晋国立国君，一次拯救楚国于危难。他当丞相的时候，累了不坐车，热了不张伞。出行时，没有随从车，也没有护卫。五羖大夫百里奚死的时候，秦国百姓都为之痛哭，儿童不唱歌，舂米的人不捣杵。但是今天您呢，通过宠臣景监介绍而当上大官，之后就欺压贵族，伤害百姓。

公子虔已经八年闭门不出。您又杀了祝欢，在公孙贾脸上刺字。《诗经》中说，得到人们支持和拥护的就会兴盛，失去人们支持和拥护的就会灭亡。您的所作所为，不是得到人们拥护的做法啊。您出门时，后面的车和随从全副武装，一项没准备好您就不出门。《尚书》中说，靠道德的人兴盛，靠力气的人灭亡。您的所作所为，不是靠道德啊。您现在危险得就像早上的露水，而您还在贪图封地的财富，把持秦国的朝政，积蓄百姓的怨恨。秦王一旦驾崩，秦国想要报复您的人难道会少吗？”

可惜商鞅并没有听进去，过了五个月他就大难临头了。

商鞅是我国古代一位非常成功的改革家，在他手里，秦国慢慢强大起来，成为战国各诸侯国里举足轻重的存在。

商鞅能够长期专注于“变法”这一件事，虽然在魏国不受重用，但是并不气馁，坚信“是金子总会发光的”。他在秦国获得了大展身手的好机会，经过十六年的不懈努力，终于完成了他的变法大业。

古往今来，成功者虽然各种各样，但是他们的共同点之一可能就是能够长期坚持。

但是，商鞅的下场很悲惨，主要原因是他强力变法损害了很多人的既得利益，这可能是变法过程中不可避免的。如果商鞅能够及早认识到这一点，听从赵良的劝告，也许就能避免悲剧了。

想一想

商鞅为什么不听赵良的劝告呢？

商鞅的一生

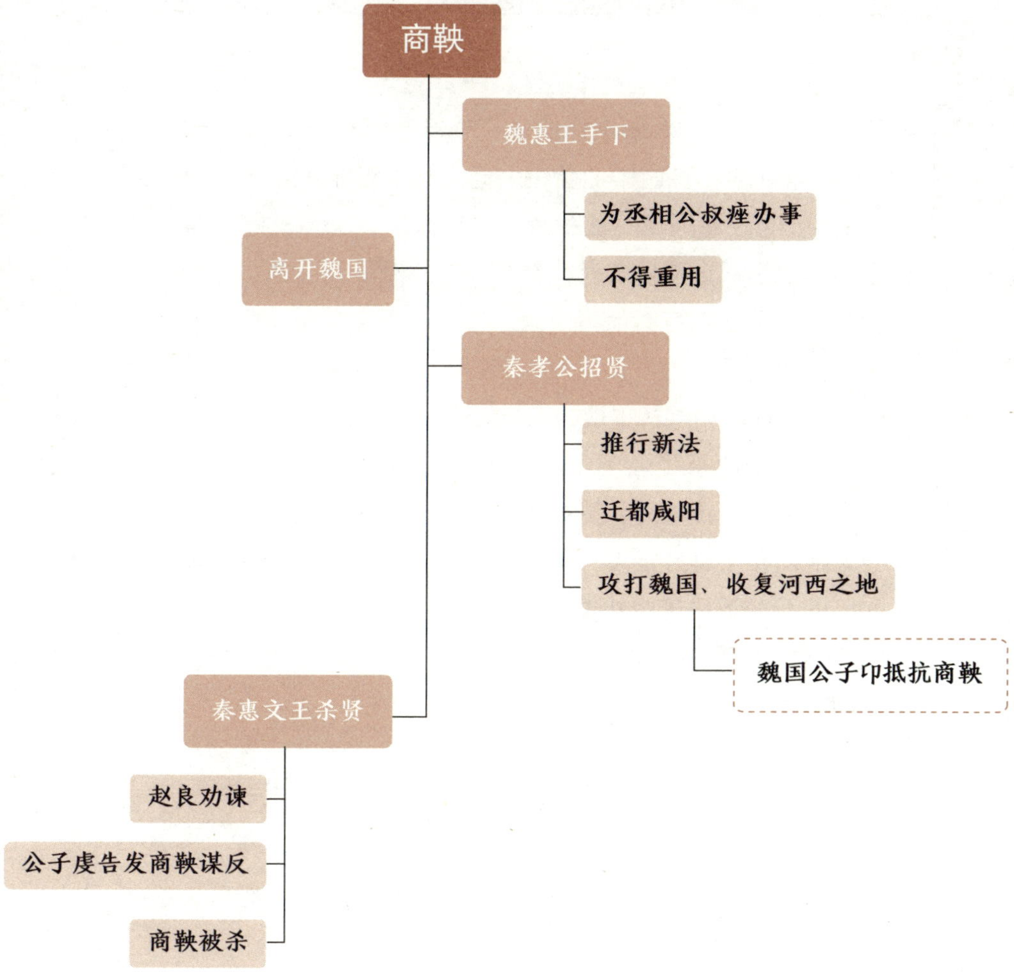
商鞅
魏惠王手下
为丞相公叔痤办事
不得重用
离开魏国
秦孝公招贤
推行新法
迁都咸阳
攻打魏国、收复河西之地
魏国公子卬抵抗商鞅
秦惠文王杀贤
赵良劝谏
公子虔告发商鞅谋反
商鞅被杀

战国时期，有这样一批人，他们靠游说各诸侯国来实现自己的政治抱负，被称为“纵横家”。一派的观点是“合纵”，就是联合诸侯国对抗秦国；另一派的观点是“连横”，就是跟着秦国攻打其他诸侯国。苏秦属于合纵派，张仪属于连横派。他们俩是同学，虽然他们的政治主张完全对立，可是他们俩关系很好，互相提携，纵横天下，终于成就一段佳话。

在这个故事里，苏秦和张仪作为同学，私人关系很好，在政治上却针锋相对。同样的事情也发生在司马光和王安石身上，他们私下是好朋友，但是政见相左。苏秦和张仪、司马光和王安石，都妥善地处理了他们的关系，我们可以从中学到辩证思维，不是说政敌就一定要斗个你死我活，也可以成为很好的朋友。

第4章

苏秦和张仪纵横天下

对立和统一，学会历史辩证思维

苏秦锋芒初露，说服燕文公和赵肃侯

纵横家不带一兵一卒，最大的资本就是巧舌如簧。苏秦在说服燕文公和赵肃侯的过程中，雄辩滔滔，具体分析了燕国和赵国的形势，听起来有理有据，一举打动了燕文公和赵肃侯的心。所以，要说服、打动别人，一定得拿出事实根据，不能光讲大道理。

苏秦（战国时纵横家）是洛阳人，他最开始去秦国游说秦惠文王，谈论兼并天下之术，但是秦惠文王没有采纳。

苏秦就去燕国游说燕文公，他说："燕国之所以没遭到攻击，是因为有赵国在燕国南边做屏障。秦国如果要进攻燕国，得跑上千里；赵国如果要进攻燕国，却只需要走上百里。不担忧百里内的祸患，却看重千里之外的威胁，这样不对吧？所以我希望大王跟赵国搞好关系，联合一体，那燕国就没有祸患了。"燕文公觉得很有道理，就给苏秦安排了车马，让他去游说赵肃侯。

苏秦对赵肃侯说："当今之时，崤山以东的强国莫过于赵国，秦国最忌惮的也莫过于赵国。但是秦国不敢大举进攻赵国，因为害怕韩国和魏国在后边进攻秦国。秦国如果要进攻韩国和魏国，中间没有名山大川的阻挡，秦国很容易就能蚕食韩国和魏国的国土，甚至打到国都去。韩国和魏国打不过秦国，一定会向秦国俯首称臣。秦国降伏了韩国和魏国后，赵国的大祸就临头了。我察看了天下的地图，诸侯的土地是秦国的五倍，估计诸侯的士兵是秦国的十倍。如果六国联合一体，合力向西攻打秦国，秦国一定打不过。那些鼓吹连横的人却想让诸侯割让土地给秦国。他们的计划如果成功了，自己享受荣华富贵，完全不顾国家遭受秦国的祸害，所以他们日夜想着利用秦国的强大来恐吓诸侯，让诸侯割让土地。我请求大王仔细考虑这个问题！我觉得，不如联合韩、魏、齐、楚、燕、赵六国，对抗秦国，各国在洹水（今河南北境，安阳河）结盟，订一个约定：如果秦国进攻某一国，其他五国要各自出精兵，或者打秦国，或者去救援。一旦不遵守约定，其他五国要一起讨伐它！诸侯联合起来对抗秦国，秦国一定不敢出函谷关为害崤山以东的六国。”赵肃侯一听非常高兴，热情款待苏秦，给他很多赏赐和荣耀，派他去游说其他诸侯。

这个时候，秦国派犀首（官名）进攻魏国，打败了魏国四万军队，活捉了魏将龙贾，夺取了雕阴（位于今陕西甘泉县南），而且打算继续向东进兵。

苏秦担心秦兵打到赵国，从而搞垮联合的约定，就想到激怒张仪，让他去秦国。

苏秦和张仪的情谊

张仪是魏国人，同苏秦一起跟着鬼谷先生（战国时楚国人，长于纵横捭阖之术）学习纵横游说之术。苏秦自认为比不上张仪。

张仪学成后，去游说诸侯，可是没有遇到欣赏他的人，被困在了楚国。

苏秦就请他前去见面，但是又故意羞辱他。张仪很生气，想到诸侯中只有秦国能对付赵国，就去了秦国。

苏秦偷偷派人给张仪资助金钱，张仪因而得以见到秦惠文王。秦惠文王听张仪谈论天下大事，很高兴，就让他当客卿。

于是苏秦派的人向张仪告辞，说：“苏君担心秦国进攻赵国而搞垮联合的约定，他觉得只有您能够在秦国掌大权，所以激怒您，又派我偷偷给您钱，这些都是苏君的计谋啊。”

张仪明白了苏秦的计谋，叹道：“啊！我中了计还不知道，我远远比不上苏君啊！请您代我向苏君致谢。苏君掌权时，我什么也不会说的！”

延伸故事

孙膑和庞涓是同学，一起学习兵法。庞涓学成后到魏国当将军，他认为自己的才能比不上孙膑，就请孙膑到他那里去。孙膑来了之后，庞涓找了个罪名弄断了孙膑的两条腿，还在他脸上刺了字。后来，齐国的使者到魏国来，偷偷将孙膑带出，逃到了齐国。孙膑被任命为军师，辅佐齐国大将田忌两次击败了庞涓。

想一想

苏秦和张仪是同学，他们的关系很好，而孙膑和庞涓也是同学，为什么他们却打得你死我活？

苏秦纵横天下，却没风光多久

苏秦接连说服韩王、魏王、齐王、楚王，成为六国的合纵长，身佩六国相印，风光无限。可是这份风光没多久就散了，苏秦也落得个身首异处。他分析六国形势头头是道，对自身的形势却看得没那么清楚。

苏秦安排完张仪后，就去韩国游说韩宣惠王，他说："韩国方圆九百余里，军队数十万，天下的强弓、劲弩、利剑都是韩国出产。韩兵用脚射弩，连发百次都不停。以韩兵的勇猛，穿坚甲、开劲弩、带利剑，以一当百，不在话下。可是大王要侍奉秦国，秦国一定会要求大王割让宜阳（在今河南省西部、洛河中游）、成皋（在今河南荥阳市汜水镇西）。今年满足了秦国，明年秦国又会要求新的割地。如果答应秦国，可是没有土地割让了；不答应秦国，又前功尽弃，成为后面的祸患。而且大王的土地有限，秦国的欲求无限，以有限的土地应对无限的欲求，这就是结下怨恨和灾祸啊。还没打仗就已经丢掉了土地。俗话说，'宁为鸡口，毋为牛后'，以大王的贤明，带领强大的韩兵，却当又脏又臭的牛屁股，我真是为大王感到羞耻。"韩宣惠王果然被他说服了。

苏秦又马不停蹄去游说魏王："大王的地盘方圆千里，表面上很小，但是田地、房屋无数，人民、车马众多，日夜不绝，好像有三军将士一样。我认为大王的国家不比楚国小。听说大王的军队有七十万人、战车有六百辆、马有五千匹，您却听群臣的言论，要向秦国俯首称臣。为请大王深思熟虑，赵王派我前来，跟您签订盟约，请大王下命令吧。”毫不意外，魏王也被苏秦说服了。

苏秦继续行动，下一步他去游说齐王，对其说道：“齐国四面都是险阻，方圆有两千余里，军队有数十万，粮食堆得像山一样。军队战斗力强，进如锋矢、战如雷霆、解如风雨。临淄这个地方很富有，人多、车多，光那里的士兵就有二十一万。韩国、魏国之所以很怕秦国，是因为跟秦国接壤。出兵就是正面交锋，不到十天就能决定生死存亡。韩国和魏国如果能战胜秦国，自己也会损失一半兵力，难以再守卫四方；如果战败，那国家就要灭亡了。所以韩国和魏国对跟秦国打仗一事很慎重，很轻易就会向秦国俯首称臣。可是秦国要攻打齐国就不一样了。秦国需要经过韩国和魏国的地盘，借助卫国阳晋（在今山东郓城县西）的道路、亢父（在今山东济宁市南）的险阻，车不好走，马也不能并行。只需要百人守住险阻，就算千人也不敢通过。秦国想深入也得顾及后面，因为怕韩国和魏国从后面攻打。所以秦国一直虚张声势却不敢进攻，明显是祸害不了齐国的。如果大王不看准这一点，却想着向西对秦国俯首称臣，这都是因为群臣的过错。今天，大王不必向秦国俯首称臣，而有强国之宝，所以我请求大王再好好考虑考虑。”于是齐王也欣然同意了。

苏秦顾不上休息，又跑去西南方的楚国，跟楚威王说：“楚国是天下强国，方圆六千多里，军队上百万、战车上千辆、战马上万匹，粮食能支撑十年，这是称王称霸的资本啊。秦国最忌惮的莫过于楚国，楚国强则秦国弱，秦国强则楚国弱，两国势不两立。所以我给大王出主意，不如联合其他国家以孤立秦国。我请求让崤山以东的国家听从大王的诏令，训练士兵为大王所用。如果联合起来，诸侯就会割让土地给楚国；如果诸侯投靠秦国，就会导致楚国割让土地给秦国。这两个计划差别太大了，大王选择哪个呢？”楚威王一听也明白了。于是苏秦顺理成章成为六国联合的盟约长，同时担任六国的丞相，他一路向北回到赵国，随从的车辆队伍像国王出行那么隆重。

合纵被瓦解

公元前332年，秦惠王派犀首（官名）去威胁齐国和魏国，与两国约定一起去攻打赵国，这样就能拆散六国联合。

赵肃侯慌了，怪罪苏秦。苏秦也害怕，就请求出使燕国，计划报复齐国。可是苏秦一离开赵国，六国联合就破裂了。赵国人决开大堤用黄河水灌入齐国和魏国的军队阵地，齐国和魏国就退兵了。

苏秦的结局

苏秦在燕国待了几年之后，与燕文公的夫人私通，被燕文公的儿子燕易王知道了。苏秦很害怕，就跟燕易王说：“我在燕国不能使燕国变得地位重要，但是在齐国能使燕国变得地位重要。”

燕易王同意了，就假装给苏秦定了一个罪名，逼苏秦逃到齐国。齐宣王让苏秦当客卿，苏秦劝说齐宣王修宫殿花园，目的是消耗齐国国力，完全是为了燕国。过了七年，公元前317年，齐国大夫与苏秦争宠，派人把苏秦刺死了。苏秦纵横天下十几年，非常风光，可惜最后的结局有点儿惨。

> 一说为齐威王，原文中的齐宣王继位于公元前319年。

想一想

苏秦是怎样为每个国家分析各自优势的？你能归纳一下他的话术吗？为什么苏秦一离开赵国，六国联合就破裂了？

魏国人张仪当秦国丞相

张仪是魏国人，当了秦国的丞相，马上就对魏国不客气，又打又骗。而对秦国他就很忠心，心心念念的是秦国的称霸大业。但是，他虽然能言善辩，却也有辩不过别人的时候。

虽然张仪之前说只要苏秦在位，他就保持沉默，但实际上他在秦国并没有当哑巴。

公元前328年，秦国公子华和张仪带兵围困并且夺取了魏国的蒲阳（地名，蒲水之北，在今山西隰县）。张仪跟秦惠文王建议把蒲阳还给魏国，还派公子繇去魏国做人质。张仪也去了，他跟魏惠王说："大王您看，秦国待魏国很好啊，魏国不可以对秦无礼。"

于是魏国把上郡（郡名，在今陕西榆林）的十五个县割让给秦国表示感谢，张仪回到秦国就当了丞相。

过了四年（公元前324年），张仪又带兵攻打魏国，夺取了陕（今河南陕县西南）这个地方。

第二年，张仪跟齐国和楚国的丞相在啮（niè）桑（今江苏沛县西南）相会，回来之后秦惠文王免去了他的丞相职务。不是因为他犯了什么错误，而是派他去魏国当丞相。

张仪到了魏国后，想让魏惠王向秦国俯首称臣，然后让诸侯仿效，但是魏惠王不听。于是秦惠文王讨伐魏国，夺取了曲沃（今河南灵宝市东北）、平周（今山西介休市西）。秦惠文王暗中给张仪各种待遇。

公元前317年，在苏秦死后，张仪对魏襄王说："魏国地盘不过方圆千里，军队不过三十万，国土都是平原，没有名山大川的险阻，用不下十万的兵力驻守在楚、韩、齐、赵四国边境，魏国就是一个战场啊。诸侯在洹水签订盟约，结为兄弟。看起来关系很坚固，可是亲兄弟还有为了争钱财而互相杀戮的。靠重复苏秦以前的计谋，明显是不成的。大王如果不侍奉秦国，秦国马上会派兵进攻河外（**战国时，秦国以黄河以东为河外，魏国以黄河以西为河外**），占据卷衍（**今河南原阳西南原武西北**）、酸枣（**今河南延津西南**），夺取阳晋，那赵国就不能往南、魏国就不能往北，道路切断了，大王的国家就危险了。所以我希望大王好好想一想，而且我也想退休回秦国去了。"

魏襄王于是撕毁盟约，让张仪回秦国。张仪一回去，就官复原职，又当了秦国丞相。

关于霸主之业，张仪和司马错有不同看法

一年以后（公元前316年），巴国（**主要分布在今渝、鄂交界地带**）和蜀国（**分布在今四川中部偏西**）两国打仗，都向秦国告急。秦惠文王打算讨伐蜀国，可是觉得道路险阻，韩国又来骚扰，有些犹豫不决。

司马错（**秦国将领**）也建议讨伐蜀国，但张仪建议讨伐韩国。秦惠文王让他们各自说说理由。

张仪先说："跟魏国和楚国搞好关系，派兵攻下新城（**韩地，今河南伊川西南**）、宜阳（**今河南西部、洛河中游**）；逼近周朝都城，挟持天子，号令天下，天下不敢不听，这才是霸主之业。我听说，在官场争夺名誉地位，在市场争夺钱财利益。现在周朝王室，就是天下的朝廷和集市，可是大王不去争，却去找野蛮人争斗，这距离霸主之业也太远了！"

司马错反驳说：“不是这样。我听说，要让国家富有，务必扩大领土；要让军队强大，务必让民众富有；要称王称霸，务必提高道德修养。这三者都具备了，自然就能称王称霸。现在大王领土小、民众穷，所以我希望大王先做容易做到的事。蜀国是西边的偏僻国家，是野蛮人的首领，而且国政很混乱，如果秦国去攻打，就好像豺狼去追羊群。夺取蜀国的土地，足以扩大领土；夺取蜀国的财富，足以富裕民众，而且不需要付出伤亡就能降伏蜀国。这样夺取一国，而天下却不会认为我们很残暴；获得很大的利益，而天下又不觉得我们很贪婪，这真是一件得名又得利的好事，而且还能得到平定暴乱的美名。反过来，如果去攻打韩国，挟持天子，这是恶名；未必有利，还落得不义的名声，太危险了！为什么这么说呢？因为周朝是天下的朝廷，而齐国是韩国的盟国。周朝知道将要失掉九鼎，韩国知道将要失掉三川（**韩国地名，因境内有黄河、洛河、伊水三条河而得名。大致在河南洛阳地区**），那它们一定会联合起来，还会找齐国、赵国、楚国和魏国帮忙。把九鼎给楚国，把土地给魏国，大王您没办法阻止的。这就是为什么我说攻打韩国很危险，不如攻打蜀国更安全。”

于是秦惠文王采纳了司马错的意见，起兵伐蜀。十个月就拿下蜀国，把蜀王贬为蜀侯，秦惠文王派陈庄（**秦国官员**）去当蜀国的丞相。蜀国成为秦国的附属国后，秦国更加强大富有，便开始轻视其他诸侯了。

想一想

张仪是秦国丞相，秦惠文王很信任他，但是为什么在讨伐蜀国的问题上，秦惠文王没有听取张仪的意见，而听了司马错的意见？

张仪欺骗楚怀王

纵横家都辩才无碍，讲起话来滔滔不绝，但是他们的话里有真实，也有谎言。楚怀王分不清张仪的真实与谎言，接二连三地上当。所以，明辨真假很重要，特别是当真假掺杂在一起的时候。

公元前313年，秦惠文王打算攻打齐国，但是顾忌齐国和楚国是盟国，就派张仪出使楚国。

张仪第一次骗楚怀王

张仪对楚怀王说："大王如果能听我的跟齐国绝交，我就将商于的六百里地献给大王，而且把秦国的美女嫁给大王。秦国和楚国结为姻亲，做长久的兄弟之国。"

楚怀王一听很高兴就答应了，群臣也很高兴，只有陈轸（**战国时楚国人，往返于楚、秦两国，一度为秦相、楚相**）表示哀悼。

楚怀王大怒，质问陈轸："寡人不用打仗就白得六百里地，你为什么哀悼？"陈轸回答说："不是这样。在我看来，大王得不到商于的土地，而齐国会和秦国结盟。齐国和秦国结盟的话，楚国的祸患就来了！"

楚怀王问："这是什么缘故呢？"陈轸说："秦国之所以看重楚国，是因为有齐国。现在跟齐国绝交，楚国就孤立了，秦国为什么要给一个孤立国六百里地呢？张仪回秦国后，一定会不认账的。这样的话，大王北边跟齐国绝交，西边又生了秦国的祸患，两国的军队一定会一起来打我们。您不如假装跟齐国绝交，私底下还是跟齐国结盟，派人跟着张仪去秦国。如果张仪真的给了我们土地，我们再跟齐国绝交也不晚。”

可是楚怀王听不进去，他说：“你不要再说了，且看寡人得地！”于是楚怀王把丞相大印授给张仪，还给他很多赏赐。同时关闭了通往齐国的关卡，跟齐国绝交，还派一个将军跟随张仪回到秦国。

张仪回到秦国后，假装不小心从车上掉下来，三个月不能上朝。楚怀王听说之后，自言自语道：“张仪觉得寡人跟齐国绝交做得还不够吗？”于是他派宋遗（楚国勇士）借了宋国的兵符，过关北上去骂齐宣王。齐宣王大怒，转身向秦国俯首称臣，于是齐国和秦国结成联盟。张仪这才上朝，见到楚国使者，问道：“您为什么不接受土地呢？从这儿到这儿，方圆六里。”

使者大怒，回楚国向楚怀王汇报。楚怀王也大怒，要发兵攻打秦国。陈轸说：“我可以提个建议吗？攻打秦国不如割让给秦国一块土地，然后与秦国一起攻打齐国，这样我们虽然割让土地给秦国了，但是可以从齐国那儿得到补偿。现在大王已经跟齐国绝交，又去责怪秦国欺骗我们，秦国和齐国一定会联合起来攻打我们，我们一定损失惨重！”可是楚怀王不听，他派屈匄（楚国大将）带兵攻打秦国，而秦国也发兵迎战。

张仪再入楚国骗楚怀王

两年后（公元前311年），秦惠文王派使者告诉楚怀王，希望以秦国武关（今陕西丹凤东南）之外的土地交换楚国黔中（今湘西、鄂西南一带）的土地。楚怀王还记恨着被张仪欺骗，就对使者说：“寡人不愿交换土地，只想得到张仪，若能得到张仪，寡人愿意献上黔中的土地。”

张仪听说之后向秦惠文王提出愿意去楚国。秦惠文王问：“楚王一心一意要抓住先生，你为什么要去呢？”张仪说：“秦国强而楚国弱，有大王在，楚王不敢把我怎么样。而且我跟楚国宠臣靳尚（楚国大夫）关系很好，靳尚又跟楚怀王的宠妃郑袖关系很好，郑袖的话，楚怀王没有不听的。”

张仪去了楚国，楚怀王把他囚禁起来，要杀掉他。靳尚对郑袖说：“秦惠文王很喜欢张仪，要用上庸（今湖北竹山西南）六县和美女来赎回张仪。大王看重土地又尊重秦国，那秦国美女一定会显贵，夫人就要被贬斥了。”

于是郑袖日夜跟楚怀王哭诉，说：“臣子不过是各为其主。如果杀了张仪，秦国必定大怒。臣妾请求把我们母子都迁到长江以南，免受秦国的鱼肉。”楚怀王没办法，就赦免了张仪，还给了他丰厚的赏赐。

张仪趁机对楚怀王说：“搞六国联盟的人就像带着羊群去攻打猛虎，明显是不能成功的。现在大王如果不侍奉秦国，秦国就会带着韩国和魏国一起攻打楚国，楚国就危险了。秦国西边拥有巴国和蜀国，开动船队带着粮草，顺着岷江（长江上游支流，在四川中部）而下，一天能走五百多里，不用十天就能占据扞（gǎn）关（今重庆奉节东长江北岸赤甲山上），那黔中、巫郡（今重庆巫山县）就不再是大王的地盘了。秦国举兵出武关，您北边的土地就丢失了。秦兵攻打楚国，三个月就够了；而楚国等诸侯的救援，至少要半年。就为等待这些弱国的救援，而忘了强秦的祸患，我不能不为大王担心啊！大王如果能听我的，就请跟秦国结为兄弟之国，不再互相攻击。”

楚怀王已经得到张仪，又舍不得黔中的土地，就听从了张仪的建议。

想一想

张仪一再欺骗楚怀王，你对他们俩有什么评价？

张仪纵横天下

张仪跟苏秦一样，游说六国，只不过他的目的是让六国跟着秦国走。他也摆事实、讲道理，可是得出的结论却跟苏秦正相反。这里边的玄机到底是什么呢？是事实有问题，还是道理有问题，抑或是张仪有问题？

张仪又跑去韩国，跟韩襄王说："韩国地势险恶，种的粮食只有菽（豆类）和麦，国家的粮食储备不够支撑两年，军队不过二十万。秦国军队却有百余万，跟崤山以东各国的军队打仗时，轻松就能打赢。如果秦国打韩国这样的弱国，就好像把千钧的重量压在鸟蛋上，韩国必定不能幸免。大王如果不侍奉秦国，秦兵马上占据宜阳，堵住成皋，大王的国家就分裂了，宫殿和花园就不再属于大王了。我为大王考虑，不如侍奉秦国而攻打楚国，既把祸患转给楚国，又让秦国高兴。再没有比这更好的计策了。"于是韩襄王被他说服了。

张仪回来向秦惠文王汇报，秦惠文王很高兴，封给他六座城池，还给了个称号叫"武信君"。

武信君张仪顾不上休息，又去东边的齐国游说齐宣王："搞六国联盟的人必定跟大王说，齐国有三晋（赵、魏、韩）作为屏障，地方大、人口多，兵强士勇，就算有一百个秦国，也对齐国无可奈何。大王认为他们说得对，却不考虑实际情况。如今秦国和楚国结为姻亲，成为兄弟之国；韩国献宜阳给秦国；魏国献河外给秦国；赵王去朝见秦惠文王，割让河间（今河北献县、河间、青县、泊头等市县地，以在两河之间而名）给秦国。大王如果不侍奉秦国，秦国就会派韩国和魏国进攻齐国南边，派赵国渡过清河（战国时介于齐、赵两国间，源出今河南内黄县南，下游不详），威胁博关（今山东茌平县西北），那临淄和即墨就不再是大王的地盘了！到齐国被攻打的时候，大王想侍奉秦国也来不及了！”齐王于是也被说服了。

张仪继续行动，向西去游说赵王：“大王统率天下以对抗秦国，秦兵不敢出函谷关已经十五年了。大王的威名响彻崤山以东，敝国也很害怕，于是训练士兵，耕田积粮，小心防备大王，怕大王来找秦国的麻烦。今天我们吞并了巴、蜀两国和汉中，包围了周朝，守住了白马渡口（今河南滑县东北）。秦国虽然很偏僻，但是对赵国早就心怀愤怒了。今天秦国的军队驻扎在渑池（今河南渑池西），打算渡河去邯郸，跟赵国打一场，先派我作为使者通知您。如今，楚国和秦国成为兄弟之国，韩国和魏国已经向秦国俯首称臣，齐国献上了鱼盐之地（泛指沿海地区），这就相当于砍断了赵国的右肩膀。断了右肩膀还要跟人争斗，失掉了同党而独居，还可能没有危险吗？现在秦国派了三支军队，一支堵住午道（指纵横交错的路），通知齐国渡过清河，驻扎在邯郸东边；一支军队驻扎在成皋，带着韩国和魏国军队驻扎在河外；一支军队驻扎在渑池，约定四国联合一体进攻赵国，打败赵国后就瓜分土地。我为大王打算，不如跟秦王见面订个盟约，成为兄弟之国。”赵王一听也答应了。

张仪接着一路向北去燕国，跟燕王说：“现在赵王已经去朝见秦王，献上河间给秦国。大王如果不侍奉秦国的话，秦国马上派兵去云中（今内蒙古托克托县东北古城乡古城村西古城）和九原（今内蒙古包头市西），燕国在国境修筑了多处长城，此处长城指易水附近的长城。

让赵国进攻燕国，那易水（今河北西部）和长城都不再属于大王了。而且如今齐国、赵国对秦国来说，就像郡县一样，不敢轻举妄动。如果大王侍奉秦国，就不再有齐国和赵国的威胁了。”燕王一听害怕了，便向秦国求和，并献给秦国常山之尾的五座城。

引申知识

根据《中国历史地名大辞典》记载：春秋战国时各国为了互相防御，各自于险要之地修筑长城。《左传》：僖公四年（公元前656年），楚国方城以为城，长城始见记载。战国时齐、楚、魏、燕、赵、秦和中山等国相继兴筑。秦始皇灭六国完成统一后，为了防御北方匈奴贵族南侵，于公元前214年将秦、赵、燕三国的北边长城予以修缮，连贯为一，西起临洮（今甘肃岷县），北傍阴山，东至辽东，俗称万里长城。此后，汉、北魏、北齐、北周、隋各代都曾在北边与游牧民族接境地带筑过长城。明代为了防御鞑靼、瓦剌族的侵扰，自洪武至万历年间，前后修筑长城达十八次，东起山海关，西至嘉峪关，称为“边墙”。宣化、大同二镇之南，直隶、山西界上，并筑有内长城，称为“次边”。总长六千七百千米，大部分至今基本完好，为世界上伟大工程之一。

张仪游说六国的成果很快被瓦解

张仪胜利完成任务，回秦国汇报，还没到咸阳，秦惠文王驾崩，秦惠文王的儿子秦武王继位。

秦武王在当太子时，跟张仪关系不好，所以他一继位，大臣都在秦武王面前说张仪的坏话。诸侯们听说张仪和秦武王关系不好，就都背叛秦国，恢复了六国联盟。

公元前310年，张仪对秦武王说："我为大王打算，东方起了变故，大王可以趁机多得土地。我听说齐宣王很憎恨我，我所在的地方，齐国一定会讨伐。我请求去魏国，那么齐国一定会讨伐魏国。齐国、魏国交战相持不下，大王趁这个机会讨伐韩国，挟持周天子，这是称王的大业啊！"

秦武王同意了张仪的提议，而齐宣王果然去讨伐魏国，魏襄王很害怕。张仪说："大王不要担心，我去让齐国罢兵。"

张仪于是派他的手下去楚国，让楚国派了个使者去跟齐宣王说："大王攻打魏国是把张仪托付给秦国啊！"齐宣王问："为什么呢？"楚国使者说："张仪离开秦国时，跟秦王定了个计策，要齐国和魏国打仗，秦国趁机夺取三川。如今大王果然讨伐魏国，这样的话大王对内消耗国力，对外攻打盟国，正好让秦王更信任张仪。"

齐宣王一听很有道理，就撤军回去了。张仪在魏国当了一年丞相就去世了，他的故事也就画上了句号。比起苏秦，他的结局还是很圆满的。

纵横家们的资本

苏秦和张仪，凭着三寸不烂之舌纵横天下，能言善辩是他们最大的资本。

张仪曾经在楚国被人怀疑偷玉璧，遭到严刑拷打，但是他始终不承认。被放回家后，他的妻子埋怨他不该到处游说，要不然也不会受到这样的侮辱。可是张仪并不在乎，问他妻子：“你看我的舌头还在吗？”他妻子笑着说：“舌头还在。”张仪说：“那就够了！”这个故事记录在《史记 · 张仪列传》里，有兴趣的话不妨去看看。

苏秦和张仪跟鬼谷先生学的就是纵横术，他们也完全明白自身的优势所在，在游说诸侯时充分发挥了他们的长处，动动嘴皮子就左右了天下大势。

想一想

苏秦和张仪都纵横天下，他们的目的是一样的吗？为什么他们的结局会大不一样？

苏秦、张仪合纵连横路线示意图

苏秦游说秦王失败，于是去游说东方六国；张仪游说秦王成功，于是也去游说东方六国。只不过苏秦是劝说东方六国搞合纵，抵抗秦国；张仪是劝说东方六国搞连横，跟随秦国。他们从秦国出发，把东方六国走了个遍。

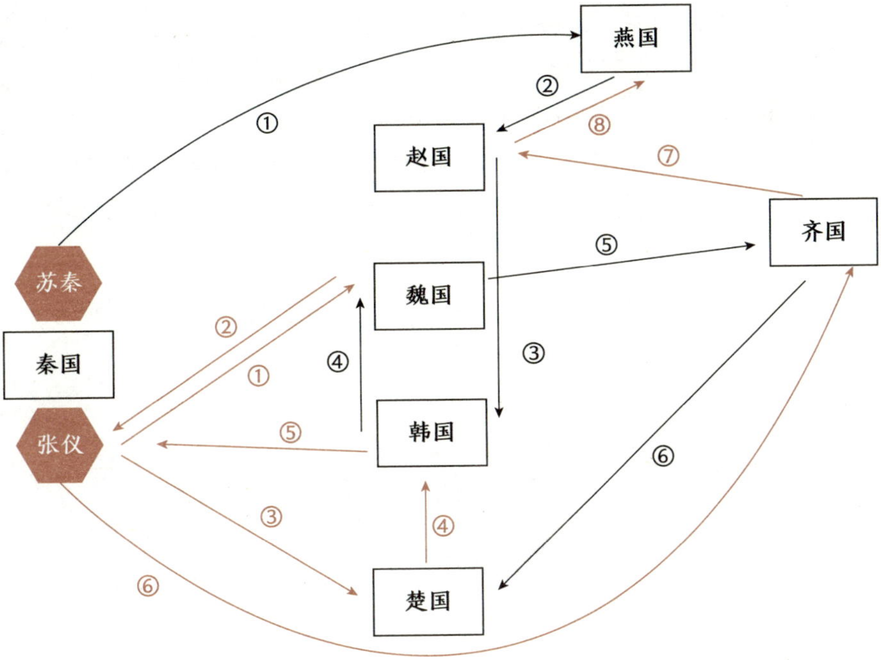

注：序号为苏秦、张仪游说六国的顺序。图中黑色线是苏秦的路线，红色线是张仪的路线。

战国四公子是战国时非常有名的人物，他们几乎都出身王族，手下养了很多门客，为他们出谋划策。他们分别是齐国的孟尝君田文、魏国的信陵君魏无忌、赵国的平原君赵胜和楚国的春申君黄歇。他们依靠手下的门客，对外抵抗秦国，对内治理国政，深刻地影响了战国历史的走向。

在这个故事里，战国四公子成功的关键在于能够放下身段，充分尊重他们的门客，发挥门客的聪明才智与特异技能。但是，这四人也有不同，特别是春申君黄歇，他虽然养了三千门客，这些门客却成事不足，败事有余。请横向比较一下战国四公子，训练自己的发散思维能力吧。

第

5

章

战国四公子的用人方法

相同中有不同，
培养历史发散思维

孟尝君与鸡鸣狗盗

孟尝君出身比较低微，他能从四十多个兄弟中脱颖而出，是因为他能力出众，善于待人接物。后来，他能够逃脱秦王的魔爪，是因为他养的门客的奇特技能帮助了他。北宋的王安石写过一篇《读孟尝君传》，可以找来读一读，看看王安石是怎么看孟尝君的。

齐威王把薛地（今江苏睢宁北）封给田婴，给他一个称号叫作“靖郭君”。靖郭君田婴有四十多个儿子，其中一个儿子名叫田文，是地位比较低的小妾生的。

田文很聪明，他劝父亲田婴花钱供养贤士。田婴觉得田文很不错，就让他主管家里的事情，招待宾客。这些宾客都争相称赞田文，劝田婴让田文继承家业。

后来，田婴去世，田文继承了父亲的爵位，称号为“孟尝君”。孟尝君田文招揽来自各地的游士和有罪逃亡的人，盛情款待他们，救助他们的亲戚。

在孟尝君府里吃饭的人常常达到数千人，每个人都觉得孟尝君对自己很好，所以孟尝君的美名传遍天下。

司马光对孟尝君养士的看法

司马光对孟尝君养士有过这样的评论：“君子供养贤士，是为了老百姓。往大了说，是有利于天下；往小了说，是有利于一国。养一人而惠及万人，才是养贤人的正道。可是孟尝君养士，不管这些人是好是坏，他花着齐国国君给的俸禄，养自己的私党，彰显自己的虚名；对上是侮辱国君，对下是损害百姓，这是最坏的坏人，有什么值得称赞的呢?！”

你怎么看待孟尝君招待客人的做法呢?

孟尝君虚心接纳意见

孟尝君曾经去楚国做相国，楚怀王赠了他一张象牙床。楚怀王派人把象牙床去送给孟尝君，但是这个人不愿意去，他对孟尝君的门客公孙戍说：“象牙床价值千金，如果我送的时候不小心碰坏了，我就算卖老婆孩子也赔不起啊。您如果能有办法让我不用去送象牙床，我就送您一把祖传宝剑。”

公孙戍答应了，他去见孟尝君，说：“小国之所以都请您去当丞相，是因为您能帮助穷人，拯救他们于水火之中，所以大家都很佩服您的仁义和廉洁。现在您刚到楚国就接受象牙床这么贵重的礼物，那您还没去的国家该怎么招待您呢？”

孟尝君明白了，就没有接受象牙床。公孙戍一看自己的目的达成了，便快步走向房门，此时孟尝君却把他叫了回来，问他：“您为什么脚抬得这么高，这么高兴呢？”公孙戍就把实情跟他说了，于是孟尝君通知他的门客：“如果有谁能扬我的名，避免我犯错误，还能从别人那儿得到宝物的，马上来给我提意见！”

关于这件事情，司马光非常赞赏，他表扬孟尝君能虚心接受别人的建议。孟尝君说过只要提的意见是好的，哪怕提意见的人是为了得到宝物，怀有私心，也要接受意见，何况是怀着尽忠无私之心来提意见的!

孟尝君靠“鸡鸣狗盗”逃出秦国

秦昭襄王听说了孟尝君的贤明，就派泾阳君（**秦昭襄王之弟，嬴芾**）去齐国当人质，请孟尝君来秦国。孟尝君一到秦国，秦昭襄王就任命他当丞相。

可是有人对秦昭襄王说：“孟尝君虽然当了秦国丞相，可他是齐国人，遇事一定会先考虑齐国，然后才考虑秦国。这样一来，秦国就很危险了！”

秦昭襄王一听有道理，就改派楼缓（**战国时赵国人，后入秦**）当相国，把孟尝君囚禁起来，准备杀掉他。

孟尝君派人向秦昭襄王的宠妃求救，宠妃说：“我想要孟尝君的白狐裘。”孟尝君之前有一件白狐裘，但是已经献给秦昭襄王了，再没有第二件。好在孟尝君的门客里有一个人擅长偷盗，他偷偷溜进秦国仓库，把白狐裘偷出来献给宠妃。宠妃一高兴就跟秦昭襄王说孟尝君的好话，秦昭襄王就同意放孟尝君回齐国了。

可是没多久秦昭襄王后悔了，派人去追孟尝君。孟尝君刚到秦国边关，时间还早，按照边关的制度，鸡叫了才能放人出关。

后面秦国的追兵马上要到了，情况很危急。孟尝君的门客里有擅长学鸡叫的，就学鸡叫了起来，野鸡听到也跟着叫起来。于是孟尝君得以出关逃回齐国。

孟尝君的结局

孟尝君名气越来越大，齐湣王担心管不住他，就想除掉孟尝君。

孟尝君在齐国待不下去，就逃到了魏国。魏昭王任命他当相国，与诸侯一起讨伐齐国。

后来齐湣王死了，齐襄王继位，孟尝君就保持中立。齐襄王因为刚掌权，有点儿怕孟尝君，所以跟他讲和。

孟尝君去世后，他的儿子们争着继承家业，齐国和魏国联合起来攻打孟尝君的封地薛地，孟尝君的儿子们都被杀死了。

想一想

司马光对孟尝君养士持否定态度，你怎么看孟尝君养士这件事情呢？

平原君与毛遂自荐

平原君出身高贵，他是赵惠文王的弟弟。他也像孟尝君一样礼贤下士，但是不如孟尝君那样对谁都很客气。或许是因为他不能完全放下王族的架子，总是有点儿高高在上，结果他差点儿就错过了毛遂这样的人才。

赵惠文王封他的弟弟赵胜为平原君。平原君也跟孟尝君一样，喜欢养士，在他府里吃饭的食客常常有数千人。

公元前258年正月，秦国攻打赵国首都邯郸，赵孝成王派平原君向楚国求救。平原君打算选门下文武双全的食客二十人一起去，选来选去只选出了十九人，就再也选不出来了。

毛遂自荐

有一个食客叫毛遂的，向平原君推荐自己。平原君说："贤士立在这个世上，就好像锥子放在皮囊中，锥子尖马上就露出来了。先生在我门下都三年了，我没听左右提到过您的好处，说明先生没什么特别的本事，先生还是留下来别去楚国了。"

毛遂说："我今天请求把我放在皮囊中！如果早一点儿将我放在皮囊里，我整个锥子都露出来了，而不只是锥子尖露出来而已。"平原君被他打动了，就带上了他，其他十九人却偷偷取笑毛遂。

毛遂在楚国大显身手

平原君带着一行人到了楚国，跟楚考烈王讲联合起来的好处，从太阳刚出来讲到太阳升到半空还是没有决定。

毛遂就手按着剑柄沿台阶走上去，对平原君说："联合的好处，两句话就说明白了！今天从太阳刚出来说到中午还定不下来，是何道理？"楚考烈王很生气，叱责毛遂："你怎么不下去？我跟你的主君说话，你来干什么？"

毛遂手按着剑柄，向前一步，说："大王之所以叱责我，是因为楚国人多。但现在十步之内，大王没法依靠楚国人，大王的性命掌握在我的手里。我的主君在这儿，大王为什么叱责我？我听说商汤凭借七十里地盘就称霸天下，周文王凭借一百里地就让诸侯臣服，哪里是因为士兵多呢？完全是因为根据形势，发挥自己的威力。如今楚国方圆五千里，军队百万，这是当霸主的资本。楚国的强大，天下哪里抵挡得了？白起（秦国大将）不过是个小子，带着几万人跟楚国打仗，一战就夺取鄢（今河南鄢陵西北）、郢（今湖北荆州市荆州区西北），再战就烧了夷陵（今湖北宜昌市东南），三战就羞辱了大王的先人，这是百世的仇怨啊！赵国都感到羞耻，而大王却不知道羞耻。联合是为了楚国，不是为了赵国。我的主君在此，大王为什么叱责我？"

楚考烈王自知理亏，只好回答："先生说得对，我举国上下听先生的。"毛遂说："决定联合了吗？"楚考烈王说："决定了！"

毛遂就对楚考烈王的左右说："拿鸡、狗、马的血来！"拿来之后，毛遂端着装有鸡、狗、马的血的铜盘，跪着对楚考烈王说："大王应当首先喝一口血，订下盟约；然后是我的主君，其后是毛遂。"于是在宫殿之上订下盟约。

毛遂左手拿着铜盘，右手招呼其余十九人，说：“你们一起在堂下喝这盘里的血吧。你们没起什么作用，不过是跟着我干成了事。”

平原君订完盟约后回到赵国，感慨地说：“我不敢再随意品评天下的贤士了！”他于是待毛遂为上宾。

想一想

平原君为什么不敢再随意品评天下的贤士了？

信陵君窃符救赵

跟平原君一样，信陵君也是国君的弟弟。他特别礼贤下士，因此得到侯嬴的奇谋，帮他打败秦国，解了赵国的围。这件事情如果发生在平原君身上，可能就完全不一样了。所以，要让别人尽心尽力地帮你，一定要充分地尊重对方。但是礼贤下士如信陵君，也有蛮横无理不听劝谏的时候，好在他最终能够听从别人的建议，知错就改，这也算是遗传了魏文侯的优秀基因。

魏国的公子魏无忌是魏安釐王的弟弟，公元前276年，魏安釐王封他为信陵君。信陵君很仁慈，对贤士很尊重，府里养了三千食客。

魏国有个隐士侯嬴，七十岁了，家里很穷，是魏国都城大梁城门的守门小官。信陵君有一天大摆酒席请客，客人都坐好了，信陵君却带着车马，空着左边尊贵的位置，去迎接侯嬴。

侯嬴穿着破衣、戴着破帽，直接就上了信陵君的车，毫不谦让。信陵君驾着马车，越发恭敬。侯嬴又跟信陵君说："我有个朋友在集市当屠夫，我想顺道去看看他。"

信陵君就驾车去了集市，侯嬴下车跟他的朋友朱亥聊天，时不时斜眼看看信陵君，只见信陵君神色越发温和。侯嬴这才跟朱亥告辞，到信陵君家里去。信陵君请侯嬴坐上座，向各位客人介绍侯嬴，客人都很惊讶，不知道信陵君为什么对侯嬴这么客气。

信陵君救赵国

秦国围困赵国邯郸后，平原君派使者接连去魏国，责备信陵君："我赵胜之所以娶您的姐姐，是因为佩服您的仁义，能够救助别人于危难。如今邯郸眼看要投降秦国，但是魏国却迟迟不救。就算您看不上我，难道您不可怜您的姐姐吗？"

信陵君听了这番话很烦恼，几次去找魏安釐王请求派大将晋鄙去搭救赵国，虽然翻来覆去说了很多遍，魏安釐王还是不听。

信陵君没有办法，决定带着门客，乘着一百多辆车，去赵国支援，打算死在赵国算了。经过大梁城门的时候，见到侯嬴，侯嬴说："您尽力去吧，我老了，不能跟您去了。"

信陵君就离开了，走了几里路后，他心里不痛快，又折回来见侯嬴。侯嬴笑着说："我就知道您会再回来的！今天您什么也没有准备就去抵挡秦军，就跟把肉丢给饿虎一样，有什么用呢？"

信陵君连忙问他该怎么办，侯嬴让其他人都避开，只有他和信陵君两个人在，然后他说："我听说晋鄙的兵符在大王的卧室里，大王最宠爱的妃子是如姬，她能够偷到兵符。我曾经听说您为如姬报过杀父大仇，如姬为了报答您甚至甘愿去死。您只要开口让如姬去偷兵符，就一定能拿到。然后您用兵符去接管晋鄙的军队，向北进发去救赵国、向西抵挡秦国，这是相当于春秋五霸的大功业啊！"

信陵君按侯嬴的计策行动，果然拿到了兵符。然后信陵君出发去赵国，侯嬴说："将在外，君令有所不受。如果晋鄙检验了兵符却不把军队交给您，还要向大王请示的话，那事情就危险了。我的朋友朱亥，是个大力士，您可以带他一起去。晋鄙如果交出兵符，那就最好了；如果他不交，您就让朱亥打死他！”

于是信陵君就带着朱亥一起走了。到了晋鄙驻军的地方邺，晋鄙验看了兵符，还是有点儿怀疑，举起手看着信陵君，问道：“我带着十万军队驻扎在边境，担负着国家重任。你今天只坐着一辆车就来代替我，到底是怎么回事？”

朱亥马上抽出藏在袖子里的四十斤重的大铁锤，一锤就锤死了晋鄙。信陵君于是马上传下军令：“父子都在军中的，父亲回去；兄弟都在军中的，兄长回去；独生子没有兄弟的，也回去奉养父母。”就这样选拔了八万士兵，向赵国前进。

信陵君留在赵国的十年

信陵君一到邯郸城下就大破秦军，解了赵国的围。但是信陵君从此也不敢回魏国了，他跟门客就留在赵国，让将军带着军队回魏国去了。

赵孝成王跟平原君一商量，封给信陵君五座城池。赵孝成王亲自打扫台阶迎接信陵君，按主人的礼节，引导信陵君走西阶。

西阶，西边的台阶。古时以西为尊，宴请宾客，让之于西阶。

信陵君侧着身子辞让，从东阶上，连声说：“罪过，既有负于魏国，又无功于赵国。”赵孝成王跟信陵君喝酒喝到晚上，也没能开口说出封给他五座城池的事，因为信陵君一直谦让。最后，赵孝成王封给信陵君一座城池。而魏国也不敢治罪信陵君，还是把信陵封给了他。

引申知识

古代左右有尊卑贵贱之别。一般在室内以右为贵，在车上以左为贵，男女以左为贵。《礼记·曲礼上》：“大夫士出入君门则阑右。”

处士，古时指有才德而隐居不仕的人。

信陵君听说赵国有两位处士——毛公和薛公，毛公隐居在赌徒中间，薛公隐居在买酒的人中间，他想去见见他们，但是两人不肯见他，他就步行去找他们。

平原君听说了这件事，觉得信陵君做得不对。信陵君说：“我听说平原君很贤明，所以背叛魏国来搭救赵国。如今看平原君结交朋友，不过是为了显摆，不是为了求得贤人。我跟这两位贤人交友，生怕他们不理我，平原君竟然觉得羞耻吗?！”

于是信陵君收拾行装准备离开，平原君一看情况不妙，摘下帽子向信陵君道歉，信陵君这才没走。

信陵君回魏国

十年以后（公元前247年），秦国大将蒙骜带兵攻打魏国，魏军连吃败仗。魏安釐王很害怕，派人去赵国请信陵君回国。

信陵君担心回国后被处罚，不肯走，还警告门客：“有敢为魏国使者通报的，死！”所以门客都不敢劝谏。只有毛公、薛公敢去见信陵君，对他说：“您之所以受诸侯看重，只是因为有魏国在。如今魏国有难，可是您不去拯救，一旦秦人攻下大梁，扫平先王的宗庙，您还有何面目立于天下呢？”话还没说完，信陵君脸色就变了，立刻动身回魏国。

魏安釐王见到信陵君后，便抱着他大哭，之后任命他为上将军（**最高将领**）。信陵君派使者向诸侯求救。

诸侯听说信陵君又当了魏国主将，都派兵来救魏国。信陵君统率五国军队在河外打败了蒙骜，一直追到函谷关才撤兵回来。

信陵君逼死了缩高

魏国安陵（**今河南鄢陵西北**）人缩高的儿子在秦国做官，镇守管城（**今河南郑州**）。信陵君进攻管城不成功，就派人去跟安陵君说：“您把缩高派到我这儿来，我将给他个官做。”

安陵君说：“安陵是个小国，不一定能指挥得了百姓。请使者自己去请他吧。”安陵君就派人带使者去缩高那儿，使者传达了信陵君的命令，缩高说：“信陵君看上我，是想派我去攻打管城。父亲攻打管城，儿子却守卫管城，这会让天下人笑话的；我儿子见到我去就会投降，那是背叛主君。父亲教儿子背叛，也不是信陵君所喜欢的。请恕我不能从命！”

使者只好回来报告信陵君。信陵君大怒，又派了使者去找安陵君，说道：“安陵的地盘，也是魏国的。如今我打不下管城，秦兵就会反攻我们，魏国就危险了。希望您把缩高抓起来交给我，不然，我就带十万兵马到安陵城下！”

安陵君说：“我的父亲成侯受魏襄王的诏令守卫安陵城，亲手给了我一份法律文书，说儿子杀死父亲、臣子杀死君王，不可以饶恕。国家就算有大赦，也不能饶恕投降和逃跑的人。今天缩高推辞官职是为了成全父子之义，而您说必须活捉缩高，这是让我辜负魏襄王的诏令，废除法律文书，我就算死也不敢从命！”

缩高听说之后，叹道："信陵君为人勇猛强悍而又固执己见，我这番推辞，一定会给安陵酿成大祸。我已经成全自己，没有违背臣子的本义，怎么可以让安陵君受魏国的祸患呢？"于是缩高去使者的馆舍，自刎而死。

信陵君得知消息后，穿上素服，派使者去向安陵君道歉："我魏无忌是个小人，考虑不周，失信于您，请允许我向您谢罪！"

信陵君被猜忌

秦庄襄王派人到魏国，花了很多钱收买奸细，挑拨信陵君和魏安釐王的关系。他们指使晋鄙的一个门客去跟魏安釐王说："信陵君流亡在外十年，如今再次当上主将，诸侯都听他的，天下只知道信陵君而不知道大王。"

秦庄襄王又几次派使者去祝贺信陵君，问他："当上魏王了没有？"魏安釐王每天都听到人说信陵君的坏话，不能不信，就派人代替信陵君带兵。

信陵君知道又一次因为被人诬陷而遭魏安釐王怀疑，就推托自己生病了，不再上朝，日夜沉迷于酒色，过了四年就死了。

想一想

信陵君和平原君都养了很多门客，他们对待门客的态度有什么不同？信陵君为什么逼死了缩高？你觉得信陵君做得对吗？

春申君移花接木

跟孟尝君、平原君和信陵君不同，春申君黄歇并不是出身王族。他因为能言善辩获得楚顷襄王的赏识，出使秦国。他后来能够成为战国四公子中的一员，完全是凭着功劳升上去的。

公元前273年，韩国和魏国都向秦国俯首称臣，秦王派武安君白起带上韩国和魏国的士兵一起去讨伐楚国。

还没出发，楚国的使者黄歇到达秦国，听说这个情况，担心秦国乘胜一举把楚国灭了，就给秦昭襄王写了一封长长的信，称赞秦昭襄王轻松就征服了韩国和魏国，威胁到齐国和楚国，功绩超过以前的三王（指夏禹、商汤、周文王，一说指夏禹、商汤和周代文王、武王）和五霸。但是，如果秦昭襄王只是仗着人多势众，用武力征服天下的话，恐怕秦国会有后患。

> 五霸，亦作“五伯”。春秋时先后称霸的五个诸侯。指齐桓公、晋文公、楚庄王、吴王阖闾、越王勾践。一说指齐桓公、宋襄公、晋文公、秦穆公、楚庄王。一说指齐桓公、晋文公、秦穆公、楚庄王、吴王阖闾。一说指齐桓公、宋襄公、晋文公、秦穆公、吴王阖闾。

黄歇说：“如今大王要打楚国，却忘了打败楚国就相当于强大了韩国和魏国。楚国是秦国的朋友，邻国才是秦国的敌人。韩国和魏国跟秦国有世代的仇怨，两国的父子兄弟死于秦国之手的有十代。如果韩国和魏国不灭亡，终究会是秦国的忧患。大王现在带着韩国和魏国的士兵来打楚国，打算怎么进军呢？如果从韩国和魏国借道，大王恐怕要担心军队出去就回不来了；如果不从韩国和魏国借道，那就只能走一些险恶的山水溪谷，恐怕不会取得什么战果。而且大王攻打楚国之日，韩国、魏国、齐国和赵国一定会起兵响应，魏国和齐国趁机能夺取大片富饶的平原，那天下强国就莫过于齐国和魏国了。我为大王考虑，不如跟楚国联合。秦国和楚国如果合而为一，韩国、魏国就会俯首称臣，然后齐国、燕国、赵国也孤立无援，都会臣服于秦国。”

黄歇因功被封春申君

秦昭襄王觉得很有道理，就让白起停止进军，辞谢韩国和魏国，让黄歇回楚国去，跟楚国订立盟约。

第二年，黄歇陪着楚国太子完去秦国做人质，以取信于秦国。

八年后，楚顷襄王生病了，黄歇跟秦国的丞相应侯范雎说：“如今楚王的病恐怕治不好，秦国不如放楚国太子回国。太子如果继位，一定会很尊重秦国，很感谢丞相您，这样秦国就能跟楚国搞好关系。如果不放太子回去，太子不过是秦国都城咸阳（今陕西咸阳市东北）的一个普通百姓。楚国另外立个国君，必然不再侍奉秦国，这样秦国就失掉了一个盟国，很不划算。”

范雎就去找秦昭襄王汇报。秦昭襄王说：“让太子的老师先回楚国去看看楚王的病情，等他回来后再商量。”

黄歇跟太子商议，说：“秦国扣留您，是为了利益。如今您还不能给秦国什么利益，而阳文君（即楚顷襄王之弟）有两个儿子在楚国。大王如果去世，您不在，阳文君的儿子必定会继位，您就没机会了。您不如逃出秦国，跟使者一起走。我就待在这儿，拼死抵挡！”

太子完于是换了服装，为楚国使者驾车，偷偷出了秦国边关。而黄歇守在太子的住所，借口太子生病不见客。等太子已经走远，黄歇才去跟秦昭襄王说实话：“太子已经回国了，我情愿领死！”

秦昭襄王大怒，打算杀死黄歇。范雎说：“黄歇作为臣子，为了主君牺牲自己，如果楚国太子继位，一定会重用黄歇。大王不如无罪释放黄歇，放他回去，跟楚国搞好关系。”

秦昭襄王同意了。黄歇于是回到楚国。三个月后，楚顷襄王驾崩，太子继位，就是楚考烈王。楚考烈王任命黄歇为相国，封给他淮北之地，称号为“春申君”。

春申君移花接木计

楚考烈王当了十几年国君，都没有生下儿子，春申君担心没人继承王位，就四处寻找会生孩子的妇女，进献给楚考烈王，可是终究也没能生下儿子。

赵国人李园打算把他妹妹进献给楚考烈王，听说楚考烈王不能生育，恐怕他妹妹不受宠，就转而去当春申君的门客。

后来有一天，李园故意迟到，春申君问起来，李园就说：“齐王建派使者求娶我的妹妹，我跟使者喝酒，所以迟到了。”春申君问：“那你答应了吗？”李园回答说：“还没有。”春申君赶紧抢先一步娶了李园的妹妹。

很快，李园的妹妹就怀孕了，李园让他的妹妹跟春申君说：“楚王很宠幸您，就算是他的兄弟也没这个待遇。您现在当楚国的相国已经二十多年了，楚王却还没有儿子，那楚王驾崩后就会让兄弟来继承王位，他的兄弟只会对自己亲近的人好，您又怎么能长久地保持这份宠幸呢？还不只是这样，您地位尊贵，治国时间长，多次得罪楚王的兄弟，他的兄弟继位后，您就大祸临头了。现在还没有人知道我怀孕了，我跟随您的时间也不长，如果您把我献给楚王，凭您的地位，楚王一定会宠幸我。如果上天保佑，我生下个男孩，那将来就是您的儿子当楚王了。楚国就是您的了，这可比大祸临头强多了！”

春申君大为赞赏，就把李园的妹妹献给了楚考烈王。而李园的妹妹果然生了一个男孩，楚考烈王就把他立为太子。春申君通过“移花接木”的手段，掌握了楚国的大权。

春申君不听建议而被杀

李园的妹妹顺理成章当了王后，李园也跟着地位显赫，他担心春申君泄露秘密，就偷偷养了一批杀手，想杀春申君灭口。楚国有不少人知道李园的阴谋。

后来，楚考烈王生病，朱英（**楚人，生平不详**）对春申君说：“世上有意想不到的福分，也有意想不到的灾祸。您现在处于意想不到的世界，侍奉意想不到的君主，怎么可以没有意想不到的人来帮忙呢？”

春申君问：“什么叫意想不到的福分？”

朱英说：“您当楚国相国二十多年，名为相国，实际是楚王。楚王现在生病，眼看要死了，他死了您就辅佐幼主，继续主持国政。等他长大再把国政交还给他，或者干脆自己当楚王，这就是意想不到的福分。”

春申君又问：“什么是意想不到的灾祸？”

朱英说：“李园虽然不治理国政，却是您的仇敌，他不带兵，却养杀手很久了。楚王一死，李园必定先进宫，杀您灭口，这就是意想不到的灾祸。”

春申君继续问：“什么是意想不到的人？”

朱英说：“您让我当郎中，楚王死时，李园先进宫，我为您把李园杀掉，我就是这意想不到的人。”

春申君不以为然，说：“算了吧，李园不过是个懦弱的人，我对他很好，何至于此？”朱英知道春申君听不进去，害怕受到连累，就逃走了。

十七天后，楚考烈王驾崩，李园果然先进宫，在宫门内埋伏杀手。春申君一进宫，杀手就刺死了他，还把他的头扔到宫门外。然后李园派人把春申君全家都杀了。太子继位，就是楚幽王。

战国四公子养士的相同与不同

战国四公子的共同特点是礼贤下士，养了很多门客为他们效劳。虽然这些门客鱼龙混杂，但是关键时刻，身怀本领的门客脱颖而出帮他们成了事。所以，战国四公子下血本养士获得了回报。

只有春申君，虽然养了三千多门客，这些门客除了吃他喝他，没给他做过什么事。但是问题也许不出在门客身上，而出在春申君自己身上。他的门客李园骗取了他的信任，最终害死了他。他的门客朱英好心劝谏他提防李园，他却并不信任朱英。

孟尝君、平原君和信陵君能干成事，是因为他们尊重门客，善于用人。春申君养门客，却只是把他们当花瓶，为他博取礼贤下士的名声而已。

现在虽然不养门客了，但待人接物的道理是一样的，要尊重他人，才能成事。

想一想

西汉末年，有个大文学家叫扬雄，他写了一本著作叫《法言》，在里边提了一个问题：“信陵君、平原君、孟尝君、春申君，对国家有益吗？”他的答案是：“国君失掉了他的国政，奸臣盗窃了国政，对国家能有什么好处呢?！”你觉得呢?

战国四公子与门客

- 战国四公子与门客
  - 孟尝君：养士不分好坏
    - 门客：公孙戌
    - 门客：擅长偷盗
    - 门客：擅长鸡叫
  - 平原君：为人高傲
    - 门客：毛遂
  - 信陵君：礼贤下士
    - 门客：侯嬴
    - 门客：朱亥
    - 门客：毛公、薛公
  - 春申君：博取名声
    - 门客：李园
    - 门客：朱英

在战国七雄里，燕国相对较弱。燕昭王即位后，立志要改变燕国弱小的面貌，花重金四方招揽贤士。乐毅因此去投奔他，成为他的股肱之臣。他们一起苦心经营二十余年，终于打败了齐国。燕昭王对乐毅非常信任，甚至要把齐国封给乐毅。可是燕昭王死后，继位的燕惠王并不信任乐毅，乐毅只好逃到赵国。可见，君臣之间，信任最重要。

在这个故事里，乐毅在燕国的起伏跟吴起在魏国的浮沉很像，都是在上一代君主任上大展拳脚，在下一代君主任上就黯然离去，所以，这也是一个适合培养历史逆向思维的故事。如果将燕昭王和燕惠王的行为互换，会发生什么事呢?

第
6
章

燕昭王和乐毅的互相信任

反过来会怎样？
培养历史逆向思维

燕昭王千里招贤

燕昭王为了招揽人才，不惜重金。他的谋臣郭隗给他讲了一个千金买马的故事，启发他向天下人显示他招贤纳士的诚意。燕昭王听从了郭隗的建议，成功招来了乐毅。

苏秦死后，他的弟弟苏代、苏厉继承他的遗志，也去四方游说诸侯。

燕国的相国子之与苏代结为儿女亲家，子之野心很大，想把持燕国的国政。苏代就答应帮他实现野心。苏代出使齐国回来后，燕王哙问他："齐宣王能称霸吗？"苏代说："不能。"燕王哙问："为什么呢？"苏代说："齐宣王不信任他的大臣。"于是燕王哙就特别信任子之，让他独揽大权。

大臣鹿毛寿对燕王哙说："人们都说尧是个贤人，因为他能把天下让给别人。现在如果大王把国家让给子之，那大王就和尧齐名了。"燕王哙于是真的把国家交给子之，子之成为燕国第一号人物。

后来，有人跟燕王哙说："从前大禹推荐了益，但是任用儿子启的人为官。大禹老了，觉得启的才能不足以治理天下，就把天下传给益。启带着他的人马攻击益，把权力夺了回来。后来天下人说大禹名义上传天下给益，实际上是让儿子启去夺回来。现在大王说把国家交给子之，可是官员都是太子的人，一样也是名义上给子之，而实际上是太子当权啊！"

于是燕王哙把这些官员的官印都收上来，让他们都效忠子之。子之终于成为实际的掌权者，燕王哙年老之后不再理政事，国事都由子之决定。

公元前314年，子之已经当了事实上的燕王三年，燕国出了大乱子。将军市被和太子平合谋攻打子之。

齐宣王派人跟太子平说："寡人听说太子将整顿君臣的礼仪，恢复父子的地位。寡人的国家虽然很小，但是一定会听太子的差遣。"太子平就带着人马，派市被攻打子之，结果没成功。市被反过来攻打太子，战争持续了几个月，死了几万人，百姓都很恐惧。

齐宣王这时候派大将章子带兵去讨伐燕国，燕国士兵都没有斗志，大开城门。齐军活捉了子之，把他剁成了肉酱，然后把燕王哙也杀了。

燕昭王招揽贤士

两年后（公元前312年），燕国人拥立太子平，他就是燕昭王。

燕昭王在燕国被攻破之后继位，继位后马上去慰问死难者家属，跟老百姓同甘共苦，而且放低身份花大价钱招揽贤人。

燕昭王跟谋士郭隗说："齐国趁我国内乱的时候来攻打燕国，我深知燕国面积小、力量弱，没能力报仇。但是我真心想得到贤人来跟我一起治理国家，洗雪先王的耻辱，这就是我的愿望。先生看到合适的贤人，一定要推荐给我。"

郭隗说："从前有位国君想以千金的代价来求千里马，可是千里马已经死了，国君派去的人就把马的头用五百金买下带回来了。国君大怒，这人就回答说：'死马都买下来了，何况活马呢？很快活马就要来了。'果然，不到一年，来了三匹千里马。现在大王一定要招揽贤士，就请先从我开始吧。那些比我更贤良的人，一定会不远千里前来的。"

于是燕昭王就为郭隗改建了一座宫殿，还拜他为师。得知这个消息后，天下的贤士都抢着去燕国，乐毅（中山灵寿人，魏将乐羊之后）从魏国过去、剧辛（**赵国人，兵家代表人物**）从赵国过去。燕昭王拜乐毅为亚卿（**官爵名**），把国政都交给他打理。

引申知识

三官：春秋时期诸侯国的执政之官为掌管民事的司徒、掌管军事的司马和掌管工程事务的司空，合称三官，也称三司，都以卿居其位。其中司徒的地位最高，称为冢卿或上卿，司马、司空则称为介卿或亚卿。

想一想

燕昭王为什么要厚待郭隗？这样做取得了什么效果？

乐毅下齐七十城

乐毅一方面为燕昭王尽心尽力处理国政，一方面训练士兵，一直在等待机会报仇。古话说："君子报仇，十年不晚。"燕昭王和乐毅准备了二十多年才开始联合其他国家一起讨伐齐国，终于一击成功。所以，要做大事，一定要沉得住气，不能急于求成。

公元前285年，齐湣王自从灭掉了宋国（**诸侯国，位于今河南商丘一带。公元前286年被齐所灭**）就更骄傲了，他继续向南侵略楚国、向西侵犯三晋，还想吞并周朝，自己当天子。劝谏他不要这么做的臣子，都被他杀掉了。

燕昭王二十多年来每日每夜都在训练人马，富国强兵，看到这个机会，就跟乐毅谋划讨伐齐国。乐毅说："齐国称王称霸，实力很强，我们单独攻打它不容易。大王一定要讨伐它的话，不如联合赵国、楚国和魏国。"

于是燕昭王派乐毅去游说赵国，另派使者去游说楚国和魏国，而且让赵国去跟秦国说明讨伐齐国的好处。诸侯们都受了齐湣王骄傲残暴的害，于是争相合谋跟燕国一起讨伐齐国。

乐毅攻打齐国

第二年（公元前284年），一切准备就绪，燕昭王大举起兵，委任乐毅为上将军。

秦军和三晋军队会合，赵惠文王把相国官印授给乐毅，所以乐毅除了带着燕军，还带着秦、魏、韩、赵四国军队一起去讨伐齐国。

齐湣王发动全国的军队抵抗，在济水之西大战，结果齐军大败。乐毅让秦国和韩国的军队回去，派魏军去夺取宋国，派赵军去接收河间，自己带着燕军一路追击齐军。

剧辛说："齐国大而燕国小，是因为有诸侯的帮助才打败齐军，我们应该及时夺取边境城池来扩张地盘，这才是长久之计。现在经过这些城池却不去攻打，名义上是深入齐国，实际上对齐国没有损伤，对燕国也没有好处，反而结下深仇，将来我们一定会后悔的。"

乐毅不同意，说："齐湣王骄傲自大，不跟大臣商议，贬斥贤良，信任小人，政令残暴，百姓怨恨。现在齐国军队打了败仗都逃跑了，趁这个机会继续深入，齐国百姓一定会背叛齐湣王，内部就乱了，我们就可以打下齐国。如果错过这个机会，等齐湣王痛改前非，抚恤臣子和百姓，我们就不好打齐国了。"

于是乐毅继续带兵深入。齐国人果然大乱，齐湣王慌忙出逃。乐毅一举攻入都城临淄，把齐国的宝物和祭祀用具装上车，都运回燕国。

燕昭王亲自到济水慰劳军队，论功行赏，喝酒庆祝，封乐毅为昌国君，然后派乐毅继续攻打齐国其他城池。

齐湣王之死

齐湣王逃到卫国（**诸侯国，公元前254年被魏国所灭，成为附属国**），卫国国君专门给他一座宫殿居住，自己还以臣子的身份接待他。

可是齐湣王很傲慢，卫国人就去攻打他。齐湣王只好又逃往邹国（**古**

国名，位于今山东邹城东南，被楚所灭）和鲁国（诸侯国，位于今山东西南，被楚所灭），还是很骄傲，邹国和鲁国不接纳他，他只能去莒地（今山东莒县）。

楚国派将领淖（nào）齿带兵救援齐国，淖齿就当了齐国的丞相。淖齿想跟燕国平分齐国土地，就抓住齐湣王，质问他："千乘（今山东高青高苑镇北）、博昌（今山东博兴县西南）之间方圆百里，下血雨沾到衣服上，大王知道吗？"齐湣王说："我知道。"淖齿又问："嬴（今山东莱芜市西北）、博（今山东泰安市东南）之间，地面塌陷，泉水涌出，大王知道吗？"齐湣王说："我知道。"淖齿继续问："天上下血雨，是上天在告诫你；地面塌陷、泉水涌出，是大地在告诫你；有人在你的宫殿前哭泣，是人在告诫你。天、地、人都告诫你，而你却不知道引以为戒，你还能不死吗？"于是淖齿就在鼓里（在战国莒邑，今山东莒县）这个地方把齐湣王杀掉了。

乐毅攻下齐国七十多座城池

乐毅听说昼邑（今山东淄博市淄博区西北）人王蠋（zhú）很贤良，就命令军队在三十里外包围昼邑，然后派人去请王蠋，王蠋推辞不去见乐毅。

乐毅威胁说："你要是不来，我就把昼邑人杀光！"王蠋说："忠臣不侍奉第二个君主，烈女不嫁第二个丈夫。齐王不采纳我的谏言，所以我回家耕田。国家残破，国君去世，我不能保全国家和国君，现在你们又要挟持我，我与其做这不义之人活下去，还不如死掉！"

于是他就在树上上吊自杀了。燕军乘胜长驱直入，齐国城池全线沦陷。乐毅命令燕军禁止抢掠百姓。他四处访求齐国的隐士，礼待他们；

减轻齐国百姓的赋税，废除残暴的命令，恢复原来的秩序，百姓们都很高兴。然后乐毅派左翼军队渡过胶东（今山东胶河之东）、东莱（今山东半岛的龙口、莱阳等市以东地区），前锋军队沿泰山向东到海边，夺取琅邪（今山东胶南市西南琅邪台西北）；右翼军队沿着黄河、济水，屯军在阿（今山东阳谷县东北阿城镇）、鄄（今山东鄄城县北），跟魏军联合；后路军队到北海（所指因时而异。初为北方远僻地域泛称，春秋战国时或指今渤海）安抚千乘；中路军队占据临淄，镇守齐国都城。乐毅到都城郊外祭祀齐桓公和管仲，表彰齐国贤人，修缮王蠋的坟墓。齐国人受燕国封赏的有二十多人，在燕国都城蓟都（今北京城西南）被授予爵位的有一百多人。

六个月的时间里，乐毅攻下齐国七十多座城池，把它们都变成了燕国的郡县。

想一想

为什么乐毅六个月就攻下齐国七十多座城池？齐湣王为什么那么傲慢？

乐毅逃到赵国

燕昭王跟乐毅并肩奋斗二十多年，彼此知根知底，尚且不免心生猜疑。继位的燕惠王当太子时就跟乐毅有矛盾，所以他轻易就中了田单的反间计，逼走了乐毅。燕军还是那个燕军，一旦失去了信任，军心马上就涣散了。

公元前279年，齐国几乎全部被燕军占领了，只有莒和即墨（今山东平度东南）两座城池还在齐国人手里。乐毅带着右军、前军包围莒城，派左军和后军包围即墨城。

即墨的大夫出城迎战，被打死了。即墨人说："安平（今山东淄博市东临淄东北）之战，田单的族人因为田单的智谋保住了性命，田单有智谋又熟悉军事。"所以他们拥立田单当主将抵抗燕军。这里说的安平之战，是说之前燕军攻打安平，当时田单还是临淄的一个小官，也在安平，他让族人用铁笼包住马车的车轴。后来燕军攻破城门，大家都抢着逃命，但是车轴因为互相碰撞折断了，都被燕军俘虏，只有田单的族人因为用铁笼包住了车轴，所以车轴没有折断，就逃出去了，投奔了即墨。

谗言和信任

乐毅围攻这座城，一年都没攻下来，他就下令解除包围，在离城九里远的地方安营扎寨，下令说："城中百姓有跑出来的，不要抓他，要接济他，让他重操旧业，以安抚新归顺的百姓。"

可是三年过去了，还是没能攻下。就有人向燕昭王进谗言：“乐毅智谋过人，讨伐齐国，一口气就攻克了七十多座城池。现在攻不下的只有这两座城池。之所以三年不打，不是他打不下来，是因为他想依仗兵威收服齐国人，当齐国的国王。现在齐国人已经心服，乐毅之所以还没动手，是因为他的妻子儿女还在燕国。齐国美女多，乐毅很快就要忘掉他的妻子儿女了。请大王好好考虑吧！”

于是燕昭王召集群臣喝酒，把进谗言的人叫到跟前，责备他说：“先王举全国之力礼待贤人，不是为了贪图土地，并把它传给子孙。但是不幸遭遇内乱，齐国趁着我国的混乱，害死了先王。到寡人继位，痛之入骨，所以广泛招揽群臣和宾客，为的是报这个大仇。如果谁能助寡人成功的话，寡人愿意跟他平分燕国。现在乐君为我攻破齐国，扫平了齐国宗庙，报了我的大仇，齐国本来就该归乐君所有，不是燕国所有。乐君如果能当齐王，跟燕国同为列国，结为盟国，对抗诸侯，那是燕国的福分，也是寡人的心愿。你怎么敢说这些谗言呢？”

说完，燕昭王就把进谗言的人处死了，还赐给乐毅妻子王后的服装，赐给乐毅的儿子公子的服装。他又派了一百多辆车的车队，让丞相带队去交给乐毅，立乐毅为齐王。

乐毅很惶恐，不肯接受，给燕昭王写了一封信，说死也不能接受。于是齐人都很佩服乐毅的义气，诸侯也敬畏乐毅的信用，再没有敢打他主意的。

乐毅被猜忌后逃到赵国

可是不久以后，燕昭王驾崩，燕惠王继位。燕惠王当太子时跟乐毅闹过不愉快。田单听说了这件事，就派了一些人去燕国用反间计，散布流言说：“齐王已经死了，乐毅还没攻下的城池只有两座。乐毅跟燕国新王有矛盾，怕回国被杀就不敢回去了。他以讨伐齐国为名，实际上是想带着军队在齐国当王。齐国人还没归附他，所以他放慢了攻击即墨，等待时机。齐国人最怕的是其他将军来，那即墨就完了。”

燕惠王本来就怀疑乐毅，现在听到这些流言，就派大将骑劫去代替乐毅带兵，召回了乐毅。乐毅知道燕惠王要对他动手，就逃到赵国去了。燕国将士感到很悲愤，也不再团结了。

赵惠文王见到乐毅非常高兴，把观津（今河北武邑东南）封给他，非常尊重他，让乐毅防备燕国和齐国。

燕惠王派人去责备乐毅，说：“将军误会我了，因为跟我有些矛盾，就抛弃燕国回赵国。将军为自己打算也罢，但是您这样怎么报答先王对将军的礼遇呢？”

乐毅给燕惠王回了一封信，说：“从前吴王阖闾听从伍子胥的话，吴国的地盘扩张到郢地那么远；吴王夫差就不是这样，他不听从伍子胥的话，还把他的尸体用袋子装起来扔到江里。夫差不明白伍子胥的话是对吴国有利的，所以一点儿也不后悔把伍子胥的尸体扔到江里；伍子胥没早点儿看到不同的国君度量也不同，所以就算沉到江里也化解不了冤屈。至于我自己，最好的办法是立下大功，实现先王的心愿；最坏的是遭受诽谤，堕了先王的威名。我听说古代的君子，就算绝交了也不说对方的坏话；忠臣离开原来的国家，也不会去辩解。我虽然不才，也学过这些君子之道。请大王放心！”

于是燕惠王放心了，封乐毅的儿子乐闲为昌国君，而乐毅跟燕国继续保持联系，后来他死在赵国，称号为“望诸君”。

诸葛亮眼中的乐毅

乐毅在燕昭王的诚意招揽下投奔燕国，经过二十多年励精图治，终于攻下齐国七十多座城池，立下不世之功。

诸葛亮是三国时著名军事家、政治家，年轻时常常“自比管乐”，这不是说诸葛亮觉得自己长得像根笛子，而是说诸葛亮觉得自己有管仲和乐毅的气质。

诸葛亮是民间传说里聪明、智慧的化身，他尚且如此敬仰乐毅，可见乐毅的厉害。而管仲是春秋时期齐桓公的丞相，他辅助齐桓公成为春秋五霸之一，其治国才能历来为人们所称颂。如果读过管仲的故事，就会知道他原来是齐桓公的大仇人，差点儿把齐桓公一箭射死……

但是，乐毅在立下不赏之功后，被燕昭王的儿子燕惠王猜忌，只好逃到赵国。这经历跟吴起很像，为什么呢？

想一想

乐毅逃到赵国后，为什么再也不回燕国了？如果将燕昭王和燕惠王的行为互换，会发生什么事呢？

乐毅的逆向思维

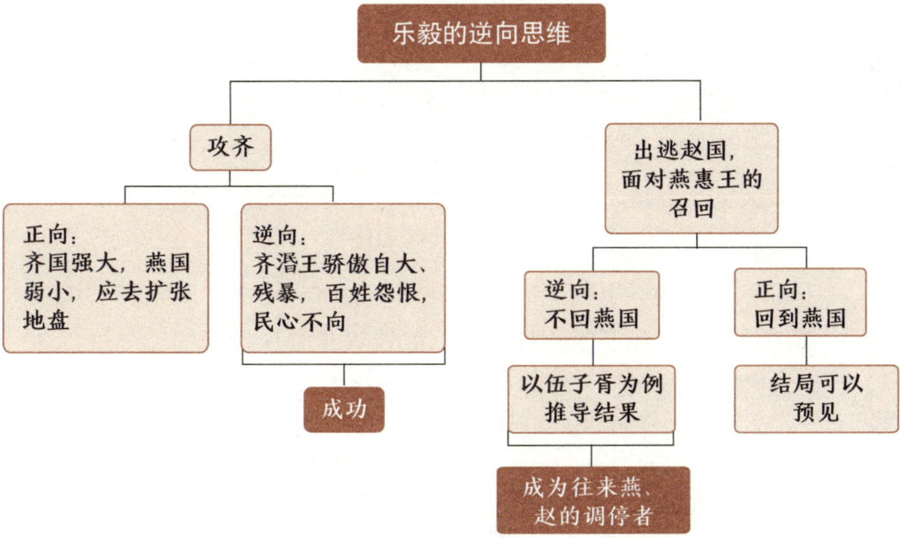
乐毅的逆向思维
攻齐
正向：
齐国强大，燕国弱小，应去扩张地盘
逆向：
齐湣王骄傲自大、残暴，百姓怨恨，民心不向
成功
出逃赵国，面对燕惠王的召回
逆向：
不回燕国
以伍子胥为例推导结果
成为往来燕、赵的调停者
正向：
回到燕国
结局可以预见

秦国从商鞅变法开始，对六国一步步蚕食鲸吞，到秦始皇这儿，终于扫平六国，建立了我国第一个大一统的王朝。秦始皇设想他的子子孙孙会千秋万代当皇帝，可是传到二世就灭亡了。虽然秦王朝很短命，但是秦王朝对后世的影响很大，毛泽东主席曾说“百代都行秦政法”。

在这个故事里，秦始皇既是统一六国的雄主，又是焚书坑儒的暴君，也犯了没选好继承人的错误。要评价他的功与过，必须辩证地思考，不能简单地下结论。

第1章

短命的秦王朝

用历史辩证思维看秦始皇的功与过

秦始皇统一天下

杜牧在《阿房宫赋》开头写“六王毕，四海一”，指的就是秦始皇统一六国。秦始皇统一天下之后，强力推行他的政策，对内设立郡县，统一度量衡，严格管理人口；对外北伐匈奴，修筑长城。他的这些做法具有开创意义，给了后世皇帝以参考。

公元前221年，秦王嬴政统一了天下，自认为品德和功劳超过三皇五帝，就改了自己的称号，叫“皇帝”，自称“朕”。他还下令：“人死了以后根据他的行为定谥号，这是儿子议论父亲，臣子议论国君，很没有意义。从今以后，要废除谥号的规定。朕当始皇帝，后世按数字顺序，二世、三世以至万世，传承无穷。”这就是历史上第一个皇帝——秦始皇。

设郡县和统一度量衡

秦始皇把天下分成三十六个郡，每个郡设置郡守、郡尉、监御史等长官。他把天下的兵器都搜集到咸阳，将其熔化后做成钟和十二个金人，各重千石（dàn），放在宫中。他统一了法制、重量、体积和长度，又把天下的豪杰十二万户都迁移到咸阳。

封禅泰山和寻找长生不死药

公元前219年，秦始皇东行，到泰山脚下，打算封禅泰山，并就此事问鲁地的七十名儒生的意见。这些儒生的说法各不相同，于是秦始皇觉得他们的意见不能实施，从此就看不上儒生了。他按自己的想法，开通车道，从泰山南边上到山顶，立了一块石碑歌颂自己的功德；从北边下山，在梁父山上封禅。他采用的礼仪是按照秦国祭祀上帝（原文便是“上帝”，上天、天帝的意思）的方法，但是具体做法被封藏起来了，后世都不知道。

秦始皇又向东游览海上，听说渤海有蓬莱、方丈、瀛洲三座神山，山里的仙人有长生不死药。齐威王、齐宣王和燕昭王以前都相信这个传说，曾派人入海去找过这三座山。于是秦始皇也派齐国的方士徐市（一作“徐福”）带着童男童女数千人入海去找，但是并没有找到。

秦始皇从海上回来后，经过彭城（今江苏徐州），斋戒祭祀，想从泗水（流经山东省西南部）里找到周朝的传国宝鼎，派上千人下水找，却没有找到。他又往西南渡过淮水（今江苏秦淮河），到达衡山和南郡（故城在今湖北江陵境内），沿着江到了湘山祠（位于湖南君山），遇到大风，差点儿过不了江。他问手下知识渊博的博士：“湘山是什么神？”博士说：“尧的女儿，也就是舜的妻子，葬在这儿。”秦始皇大怒，派三千犯人把湘山的树砍光了，然后他就回咸阳了。

延伸故事

韩国人张良，他的祖上五代都任韩国的丞相。韩国灭亡后，他散尽千金家财，想要为韩国报仇。公元前218年，秦始皇东游至阳武博浪沙（今河南原阳东南），张良派一个大力士拿着铁锤袭击秦始皇，结果只打中了秦始皇的随从车。秦始皇大为震惊，当时就派人搜查，却没有抓到人。然后，他又命令天下大搜十天，还是没抓到人。

发动战争和修筑长城

公元前215年，燕国人卢生献给秦始皇一本书，名为《录图书》，上面写着“亡秦者胡也”。秦始皇以为这个“胡”指的是“胡人”，就派蒙恬将军发兵三十万，北伐匈奴。

公元前214年，秦始皇又派兵向南攻取了南越［古越人的一支，秦汉时分布在以番禺（即广州）为中心的南海郡］的土地，设置了桂林、南海、象郡，迁移五十万百姓到这些地方，与南越人一起生活。

蒙恬不负使命，把匈奴赶走了，收复了黄河河套地区。秦始皇在那里设置了四十四个县。为了加强边防，秦始皇下令把以前韩、赵、魏三国修建的长城连接起来。这条新修筑的长城，西起临洮（今甘肃岷县），东到辽东，蜿蜒一万多里，号称“万里长城”。

想一想

秦始皇统一天下后，做了很多事情，也去了很多地方，你是如何评价秦始皇的？

焚书坑儒

秦始皇做过的最有争议的两件事情就是焚书和坑儒。一般舆论都是批评秦始皇残暴，比如唐代章碣写过一首《焚书坑》："竹帛烟销帝业虚，关河空锁祖龙居。坑灰未冷山东乱，刘项原来不读书。"但是，也有人持不同意见，鲁迅先生就写过："秦始皇实在冤枉得很，他的吃亏是在二世而亡，一班帮闲们都替新主子去讲他的坏话了。不错，秦始皇烧过书，烧书是为了统一思想。但他没有烧掉农书和医书；他收罗许多别国的'客卿'，并不专重'秦的思想'，倒是博采各种的思想的。"

公元前213年，丞相李斯上书说："从前诸侯相争，厚待游学的人。现在天下已定，法令统一，百姓在家就应该努力种田做工、士人就应该学习法令。如今，士人不学习现在的法令，却去学习古代的东西，议论当今的是非，迷惑百姓。人们听到法令颁布，就根据他们所听到的议论法令，随意讨论、搬弄是非。如果不加以禁止，那皇上的权威就会下降，下面的人就会结成同党。必须要禁止！我请求把不是秦国史官记载的史书都烧掉，天下私藏《诗经》《书经》和诸子百家的书的，都交由官府烧掉。有敢谈论《诗经》《书经》的，当众处斩；说古时好，说现在不好的，满门抄斩；官吏如果知道情况却不报告的，同罪处罚。命令颁布之后三十天，如果还不烧书，就在他脸上刺字，流放去修长城；只留下医药、占卜和种树的书。有想学法令的，就让他们以官吏为师。"秦始皇采纳了他的意见。

后来，方士侯生和卢生议论、讥讽秦始皇，为了避祸，逃走了。秦始皇大怒，说："我对卢生这些人赏赐很多，他们居然诽谤我！很多儒生都在咸阳，我得派人去查问一下，或许他们也在乱讲话惑乱百姓。"于是御史一个一个审问这些儒生，他们互相告发，最后秦始皇把四百六十多人在咸阳活埋了，还昭告天下，以警告后来人。

除此之外，秦始皇还流放了一些儒生到边境。秦始皇的大儿子扶苏劝他，说："这些儒生都效法孔子，现在您以重刑惩罚他们，我恐怕天下会不安。"秦始皇很生气，罚扶苏去上郡给蒙恬当监军。

延伸故事

秦始皇觉得咸阳人太多，宫殿太小，就发动七十多万人修建阿房宫。阿房宫东西长五百步，南北长五十丈，可以坐上万人。但是，秦始皇还觉得不够。因为卢生跟秦始皇说："皇帝的行动要不为人知，才能避开恶鬼；避开恶鬼，就会有真人到来。希望皇上所住的宫殿不要让人知道，这样才能得到长生不死药。"

秦始皇说："我仰慕真人。"从此他就自称"真人"，不称"朕"。他下令把咸阳旁边二百里之内的二百七十座宫殿连接起来，并遍设帷帐和钟鼓，又安排了许多美女在宫殿里，且不许随意移动。凡有泄露秦始皇的行踪的，都处以死罪。

有一天，秦始皇去梁山宫（今陕西乾县西北的瓦子岗），从山上看到丞相的车队人很多，觉得不好。他的侍从中有人告诉了丞相，丞相就减少了车队人数。秦始皇很生气，说："这一定是我的侍从中有人泄露了我的话！”他一审问，没有人承认，于是他把当时在场的人全都杀掉了。自此以后，就没有人知道他的行踪了。

想一想

秦始皇做的这两件事情就是著名的“焚书坑儒”，被后世批判。你怎么看秦始皇“焚书坑儒”呢？

秦二世即位

秦始皇梦想着长生不老，可惜没能实现，最后也跟常人一样死了。他本来要传位给大儿子扶苏，可是小儿子胡亥和赵高、李斯合谋窃取了皇位。秦始皇虽然宰割天下，为所欲为，可是在继承人问题上，也跟智宣子一样，犯了致命错误。

公元前211年，东郡（今河南濮阳西南）落下一块陨石，有人在上面刻字："始皇死而地分。"秦始皇派御史去审问，但是没有人承认。于是秦始皇把住在陨石附近的人都杀掉，把陨石也烧掉了。

公元前211年十月，秦始皇出游，带着左丞相李斯，让右丞相冯去疾留守咸阳。秦始皇有二十多个儿子，他最喜欢小儿子胡亥。胡亥请求跟着出游，秦始皇答应了。

秦始皇游玩了一个月，就生病了。他讨厌听到死，所以群臣没有一个人敢说这件事。但是他的病越来越重了，他只好命令手下掌管玉玺的宦官赵高给大儿子扶苏写了一封信，说："来参加丧礼，把灵柩送到咸阳安葬。"信写好封上封条后，放在赵高那儿，还没交给使者。

第二年七月，秦始皇驾崩了。丞相李斯认为秦始皇在外面驾崩，恐怕诸位皇子和天下有变，就隐瞒了秦始皇驾崩的消息，把秦始皇的棺材放在车里，让秦始皇最宠幸的宦官驾车。

每到一个地方，吃饭、百官朝见跟往常一样，宦官从车中传达批准百官上奏的命令。知道内情的只有胡亥、赵高和最宠幸的宦官，总共五六个人而已。

矫诏杀扶苏

起初，秦始皇特别宠幸蒙氏，特别信任他们。哥哥蒙恬在外带兵，弟弟蒙毅常常在朝中参谋，非常忠诚可靠，所以文武百官都不能跟他们相争。

赵高自打出生就是宦官，秦始皇听说他很有能力，精通刑法，就让他当官，教胡亥断案，胡亥很宠幸他。赵高曾经犯过罪，秦始皇让蒙毅判决。蒙毅判赵高应当依法处死。秦始皇因为赵高很会办事，就赦免了他，让他官复原职。赵高既受到胡亥宠幸，又很怨恨蒙氏，就去劝说胡亥，请胡亥假传秦始皇的诏令杀死扶苏，立自己为太子。胡亥很高兴地同意了。赵高又说："如果不与丞相商议，恐怕这事办不成。"于是赵高去见李斯，说："皇上赐给扶苏的信和玉玺，都在胡亥手里。定下太子人选，就在您和我的口里了。您觉得怎么办？"李斯说："你怎么说这种亡国之言？这不是做人臣子该议论的事！"赵高问："您的才能、谋略、功劳、任劳任怨、被扶苏信任的程度，这五方面比得上蒙恬吗？"李斯说："我比不上他。"赵高说："既然这样，那扶苏继位，一定会用蒙恬为丞相，您就没机会封侯，准备告老还乡吧！但是胡亥仁慈宽厚，适合继位。希望您好好考虑再决定！"李斯觉得很有道理，就跟他合谋，伪造了秦始皇的诏书，立胡亥为太子，又写了一封信给扶苏，责备他不能夺取土地立功，还消耗了很多兵力，而且多次上书，诽谤朝政，日夜怨恨不能回去当太子；而蒙恬明知扶苏的想法，也不去纠正。他们在信中假借秦始皇的命令将二人赐死，并要求把军队交给副将王离带领。

扶苏收到信后，大哭，回到内室，准备自杀。蒙恬说："陛下在外面，没有立太子；派我带三十万人马驻守边境，您当监军，这是天下的重任啊！今天派个使者来，您就自杀，怎么知道这不是个骗局呢？您去报告皇上，弄清楚了再死，也不晚啊。”

使者等不及，几次催促。扶苏对蒙恬说：“父亲赐儿子死，我还有什么好再问的呢？”随即自杀。蒙恬却不肯死，使者就把他关押起来。让李斯的门客带领军队，就回去报告了。

胡亥即位

胡亥听说扶苏已经死了，就想释放蒙恬。刚好蒙毅为秦始皇出去祭祀山川回来，赵高就对胡亥说：“先帝早就打算推举贤良，立您当太子，可是蒙毅劝他说不行，您不如把他杀了！”于是胡亥就把蒙毅关押起来。

因为是夏天，秦始皇的尸体臭了，赵高他们就装了一车鲍鱼来掩盖臭味。回到咸阳后，他们才公布秦始皇的死讯，举行丧礼。太子胡亥继位，就是秦二世。

九月，秦二世把秦始皇葬在骊山（位于陕西临潼南），在陵墓里藏了很多奇珍异宝，还装了很多机关，只要靠近就会发射箭弩。用水银灌满陵墓里的“江河大海”。秦始皇的后宫妃嫔里没有孩子的，全都处死陪葬。安葬完秦始皇之后，有人说陵墓里的机关是工匠设计的，他们知道实情，陵墓里藏了这么多宝贝，他们肯定会泄露消息。所以等陵墓完工后，秦二世把他们都封在陵墓里了。

忠心的蒙恬自杀

秦二世想杀掉蒙恬兄弟，他哥哥的儿子，也就是他的侄子子婴劝他说：“赵王迁杀了大将李牧，任用颜聚；齐王建杀了忠臣，任用后胜，结果他们都亡国了。蒙氏是秦国的大臣谋士，陛下却要杀死他们。诛杀忠臣，任用没有节操的人，对内会让群臣不信任陛下，对外会让战士离心啊！”可是秦二世不听劝告，还是杀了蒙毅和蒙恬。

蒙恬说：“从我的先人到我这一代，受秦王信任，立功已经三代了。如今我带着三十多万兵马，虽然被关押在牢里，但是还有足够的势力背叛皇帝。不过我还是会以死来坚守忠义，不敢辱没先人的教诲，不敢忘掉先帝。”于是蒙恬就吞下毒药自杀了。

对蒙恬之死的两种看法

西汉文学家扬雄在他的《法言》里写道：“有人问：‘蒙恬很忠心却被处死，那何必还要忠心呢？’我的回答是：‘凿山填谷，从临洮到辽水，死了很多人，这种忠心是不值得学习的。’”

司马光也发表了意见，他说：“秦始皇荼毒天下，蒙恬就是帮凶，可见蒙恬不仁义。但是蒙恬明白做臣子的道义，虽然无罪被杀，但是能够宁死不改忠心，也很值得称赞了。”

想一想

扬雄和司马光对蒙恬之死各有看法，你的看法是什么？

陈胜、吴广起义

公元前209年，陈胜、吴广在大泽乡发出一声呐喊："王侯将相，宁有种乎？"揭开了中国绵延两千年的农民起义的序幕。一代一代的农民，在这声呐喊的激励下，揭竿而起，反抗朝廷的暴政。而在司马光看来，这些都是犯上作乱。

公元前209年四月，秦二世跟赵高说："人活在世间，好像六匹骏马过一道缝隙的时间那么短。我现在已经君临天下了，打算今后尽情享乐，一直到死，你觉得怎么样？"

赵高说："这是贤君可以做的，昏君不能做的。陛下现在要这么做的话，还有点儿问题。因为按照先帝驾崩时的情况来看，诸位皇子和大臣都有疑心。而诸位皇子都是陛下的兄长，大臣都是先帝所委任的。现在陛下刚刚登基，他们都不高兴，心里不服，恐怕会有变故。我现在战战兢兢，生怕不得善终，陛下怎么能享乐呢？"

秦二世问："那怎么办？"赵高说："陛下应更加严格执行法律，让有罪的人相互株连，借此杀死大臣和皇子。然后，陛下再收买一些人，把他们从贫贱变得富贵，彻底除掉先帝的旧臣，换上陛下亲信的人。这样功德都归陛下，除掉了祸害，粉碎了阴谋，群臣都对陛下感恩戴德，陛下就可以高枕无忧，尽情享乐了。没有比这再好的计谋了！"

残暴的秦二世

秦二世完全同意赵高的计划，开始更改法律，变得更加严酷，大臣、诸位皇子只要有罪，就重刑处罚。这样他处死了十二位皇子、十位公主。

公子高走投无路，想逃跑，又怕被满门抄斩，就给秦二世上书，说："先帝在的时候，赐给我食物、车辆、衣服和宝马。我想陪着先帝死却不能，这是做儿子不孝，做臣子不忠。不孝不忠，没有脸面活在世上，我请求陪着先帝死，葬在骊山脚下。求陛下可怜可怜我！"

秦二世看到信后，大为高兴，他把信给赵高看，说："这可以称得上被逼急了吧？"赵高说："臣子担心被处死都来不及，哪还有空儿考虑造反呢？"于是秦二世赏赐给公子高十万钱，让他去给秦始皇陪葬了。

秦二世又动用了很多人重修阿房宫，还征收了很多粮食。

大泽乡起义

七月，阳城（今河南登封市东南）人陈胜、阳夏（今河南太康县）人吴广在蕲（qí）地（今安徽宿州蕲县）起兵造反。

当时，秦二世派他们去戍守渔阳（今北京密云西南），他们在路上驻扎在大泽乡（今安徽宿州市东南四十里）。陈胜、吴广带着九百人，是这些人的首领。赶上天下大雨，道路不通，他们预计会赶不上规定的日期到达渔阳。

陈胜、吴广就借着这个天下人怨恨的时机，杀死看管他们的秦军将领，召集九百人说："你们都错过了日期，要被处斩。就算不被处斩，戍守边境可能也要死十分之六七的人。壮士不死则已，死就要成大名！王侯将相难道是天生的贵种吗？"

这九百人都很激动地表示愿意追随他们。于是陈胜和吴广假借公子扶苏和楚国将军项燕的名义，筑了一座坛结盟，称号叫作“大楚”。陈胜当将军，吴广当都尉。他们带着大家去攻打大泽乡，很快就攻打下来了。然后他们去攻打蕲地，也打下来了。他们又派人向东一路打过去，都打了胜仗。

到陈地（今河南淮阳）时，他们的战车已有六七百辆，马一千多匹，士兵有几万人。于是，陈胜很顺利就打下了陈地，并且安顿下来。

此时，陈胜就自立为王，国号叫作“张楚”。虽然有人苦苦劝他不要着急称王，但是他不听。

想一想

陈胜、吴广起义的目标是自己当王侯将相，这跟原本是王侯将相的人有什么本质上的不同吗？

刘、项起兵

果然是坑灰未冷，刘、项就起兵造反了。刘邦和项羽跟陈胜和吴广不一样，他们并不是农民出身，而是朝廷的一分子，正是他们推翻了秦王朝，他们才是最危险的。

公元前209年九月，沛县（今江苏沛县）人刘邦起兵，下相（今江苏宿迁西南）人项梁在吴县（今江苏苏州）起兵。

刘邦，字季，长着高鼻梁，有帝王之相，左大腿有七十二颗黑痣。他豪爽大方，不在意养家糊口这些事情。起初他担任泗上（即泗水之滨）亭长（官名），有一位叫吕公的人，善于看相，见到刘邦的长相，感觉很惊奇，就把女儿嫁给了他。

后来刘邦以亭长的身份为县里押送犯人去骊山，结果很多犯人在路上逃跑了，他觉得就算能到骊山，犯人也会跑光的。于是到了丰西泽（今江苏丰县西十五里）中亭的时候，他停下来喝酒，到了晚上，他把犯人都放了，说："你们都走吧，我也从此消失了！"于是，很多犯人都跑了，但是有十多个壮士愿意跟着他。

刘邦半夜走到一片沼泽地时，看见有一条大蛇挡在路上，因为喝了酒，刘邦就拔出宝剑把大蛇砍死了。后来一位老奶奶在那儿哭，说："我的儿子是白帝（上古时代中国传说中的五位帝王之一，五天帝指中央黄帝、南方赤帝、西方白帝、东方青帝、北方黑帝）的儿子，变成蛇，挡在路上。现在赤帝的儿子把他杀死了！"说完就不见了。刘邦藏在山里，经常会遇到奇怪的事。沛县的子弟听说了，都想归附他。

刘邦起兵被立为沛公

陈胜起兵之后，沛县的县令想带沛县的人响应他。县令的部下萧何和曹参说："您是秦国的官吏，现在要背叛秦国，率领沛县子弟，恐怕人们不会听您的。希望您能召集流亡在外的人，可以得到几百人，让他们劫持沛县子弟，人们就不敢不听了。"

于是县令派樊哙去召回刘邦，刘邦此时已经有几百人了。县令后来后悔了，怕刘邦出变故，就关闭城门，想杀掉萧何、曹参。

萧何、曹参害怕了，就翻下城墙去找刘邦。刘邦就写了一封信，用箭射到城里，向沛县的父老说明利害关系。沛县父老就带着子弟杀死了沛县县令，开门迎接刘邦，立他为沛公。萧何、曹参清点沛县子弟，有两三千人。

项梁起兵

项梁是楚国将军项燕的儿子，曾经杀了人，跟他哥哥的儿子项羽躲到吴中（今江苏苏州）避仇。吴中的贤士、大夫都不如项梁。

项羽小时候读书，没学成，放弃了；学剑，也没学成。项梁很生气，项羽说："读书，会写姓名就够了；学剑，只能打一个人，不值得学。要学就学打一万个人的本事！"

于是项梁就教项羽兵法，项羽很高兴。但是他知道个大概之后，就又不肯学了。项羽身高八尺多，力气大得能举起鼎，才能过人。

西汉时一尺等于 0.231 米，八尺约 1.85 米。

后来，会稽（**治吴县，辖今江苏长江以南，浙江仙霞岭、牛头山、天台山以北等地**）郡守殷通听说陈胜起兵，打算发兵响应，让项梁和桓楚（**秦末楚将**）带兵。当时，桓楚逃亡在外。项梁说：“桓楚逃亡了，大家都不知道他在哪儿，只有项羽知道。”

项梁就让项羽拿着剑站在外边，自己进去跟殷通谈，说：“请召见项羽，让他接受命令去唤来桓楚。”殷通说：“好！”项梁召项羽进去，过了一会儿，他看了一眼项羽说：“可以行动了！”项羽就拔剑砍下了殷通的头。项梁拿着殷通的人头，佩戴着他的官印走出门。殷通的手下大惊，骚乱起来。项羽杀死了数百人，于是大家都害怕得不敢动了。

项梁召集他所认识的官吏，跟他们说要干大事，于是得到精兵八千人。项梁当上会稽郡守，项羽当副将。当时项羽二十四岁。

想一想

你怎么评价项羽小时候对于读书、学剑、学兵法的观点？

项梁战死

陈胜多次被秦将章邯打败，第二年他就被自己的车夫杀死了。而项梁几次打败章邯，就有点儿轻敌。所谓骄兵必败，在项梁身上应验了。

秦二世派大将章邯攻打陈胜，多次打败陈胜的军队。

公元前208年腊月，陈胜的车夫庄贾杀死陈胜，投降了章邯。当初，陈胜自立为王以后，他的故旧都去归附他。他的岳父也去了，陈胜却只把他当一般宾客对待，见面时只是作揖，却不下跪。他岳父很生气，说："犯上作乱，妄自称王，对长者这么傲慢，长久不了！"于是就不辞而别了。陈胜跪下谢罪，他也不回头。

有客人进出很放纵，谈论陈胜以往的事情。有人跟陈胜说："这客人愚昧无知，随便讲话，有损您的威严。"陈胜就把这客人杀了。所以他的故旧都纷纷离开了，再没有跟他亲近的人。他对下属也很严酷，有一点儿过错就重重惩罚，所以他的将领都不是真心归附他，这就是他失败的原因。

陈胜和吴广起兵造反后，全国各地纷纷起来响应他们，原来的诸侯国陆续复国，推举了新的诸侯王。沛公刘邦去投奔楚王景驹，在路上遇到带着一百多名少年同去投奔楚王的张良。二人相谈甚欢，张良就成为刘邦的部下。他跟刘邦讲《太公兵法》，刘邦觉得很好，经常采纳他的计策。张良曾经跟其他人讲过，其他人都不明白。张良就说："沛公大概是上天所教的！”从此，张良就一直跟着刘邦。刘邦带兵跟章邯打了几次仗，互有胜负。

项梁成为楚国大将

项梁成为楚国大将后，带着八千人渡过长江后一路向西。他打败了楚王景驹，吞并了他的军队。刘邦带着一百多骑兵去见项梁，项梁给了他五千士兵、十名大将。项梁派项羽去进攻襄城（今河南襄城县），襄城人坚守抵抗。最终项羽攻陷襄城，把襄城人都活埋了。

项梁听说陈胜已死，就召集大将在薛地议事，刘邦也去了。居鄛（即居巢，今安徽六安市东北）人范增（谋士），已经七十岁了，一直在家里待着，很有谋略。他去见项梁说：“陈胜失败，在情理之中。秦国灭六国，楚国最无辜。自从楚怀王去秦国被扣留，不能回楚国，楚国人到今天都很可怜他。所以楚南公（秦末楚人）说：‘就算楚国只剩下三族，灭亡秦国的也必定是楚国。’如今陈胜首先起兵，没有立楚国的后代为王，却自己称王，所以他很快就失败了。现在您从江东（即江右，泛指长江下游以南地区）起兵，楚国的大将纷纷来归附您，是因为您家世世代代都是楚国大将，能再立楚国的后代当王。”

于是项梁采纳了范增的建议，找到楚怀王的孙子心，他流落民间在给人放羊。六月，他立心为楚怀王，顺应人民的愿望，定都在盱眙（xū yí，今江苏盱眙县）。项梁自称“武信君”。

张良劝项梁说：“您已经立了楚国的后代，而韩国的诸位公子里横阳君韩成最贤明，可以立他为王，增加您的力量。”

项梁于是派张良去找韩成，立他为韩王，委任张良当司徒。他们带了一千多人向西夺取韩国的故土，打下了几座城池，但是又被秦国夺回去了。

项梁战死

项梁带兵跟章邯大战，获得几次大胜，于是项梁就开始轻视秦军，骄傲起来。将军宋义劝谏他："打了胜仗就将领骄傲、士兵懈怠的，一定会失败。现在士兵已经懈怠，而秦兵越来越多，我替您感到害怕。"

可是项梁不听，派宋义去出使齐国。宋义在路上遇到齐国使者高陵君显，问他："您是去见武信君吗？"高陵君说："是的。"宋义说："我认为武信君的军队会打败仗。您要是慢慢走就能逃过一死；要是您急着去见他，那就大难临头了。"秦二世果然派了全部军队增援章邯，攻打楚军，在定陶（今山东菏泽定陶区西北）大破楚军，项梁战死。

项羽、刘邦在陈留（今河南东至民权、宁陵，西至开封、尉氏，北至延津、长垣，南至杞县、睢县）打仗，听说武信君死了，士兵都很惊恐，他们就退兵向东，把楚怀王从盱眙迁到彭城，定都在彭城了。

想一想

项梁为什么会战死？

项羽一战成名

在叔父项梁战死后，项羽带兵勇猛杀敌，打败了章邯。这是项羽的一次精彩亮相，既震慑了秦军，也震慑了反秦的诸侯军。跟上次杀殷通一样，这次他出其不意斩杀了宋义。

章邯打败项梁后，认为楚军已经不足忧虑，就渡过黄河，向北攻打赵国，大破赵国，把邯郸夷为平地。赵王歇逃入巨鹿城（今河北平乡西南），章邯带兵包围了巨鹿。赵国几次向楚国求救。

高陵君显听了宋义的劝告，慢慢走到楚国，跟楚怀王说："宋义预言武信君必败，过了几天，武信君果然失败了。军队还没作战就先看到失败的征兆，可以称得上懂兵法了。"于是楚怀王召见宋义商议军事，二人相谈甚欢，楚怀王就封宋义为上将军，任命项羽当次将，范增当末将，派他们去救援赵国。其他的将领都归宋义统领，宋义的称号是"卿子冠军"。

当初，楚怀王跟诸位大将约定："先攻入关中的人，我就立他为王。"当时，秦兵很强，经常打败诸侯，所以诸位大将都觉得先入关没好处。只有项羽怨恨秦兵杀死了项梁，坚持要跟刘邦向西攻入函谷关。

楚怀王的诸位老将都说："项羽为人剽悍狡猾。他曾经攻打襄城，把襄城人都活埋了，凡是攻下的地方没有不杀戮殆尽的。而且楚国几次进攻秦军，结果陈胜、项梁都失败了，不如派忠厚长者向西进军，诏告秦国父兄。秦国父兄受秦二世的苦已经很长时间了，如果派忠厚长者前往，不需要使用暴力，就可以拿下秦国。不能派项羽，只有沛公一向是宽厚长者，可以派他去。”

于是楚怀王不让项羽去，而派刘邦向西进攻，收了陈胜、项梁的散兵去讨伐秦国，打了一些胜仗，攻占了一些地方。

项羽除宋义

公元前207年十月，宋义行军到安阳（今河北阳原县东南），逗留四十六天都不进军。项羽说：“秦国围困赵国，情况危急，我们应该火速进军渡过黄河。楚国从外边进攻，赵国从里边突围，一定能大破秦军。”宋义说：“不是这样的。如今秦国攻打赵国，如果战胜的话，秦军就疲劳了，我正好趁机攻打秦军；如果秦军不胜，我再派兵向西，一举就能打败秦国。所以不如让秦国和赵国先打一场。上阵杀敌，我不如您；出谋划策，您不如我。”于是宋义下令：“有勇猛如虎、凶狠如羊、贪心如狼、顽固不听指挥的，斩！”他派儿子宋襄去齐国当丞相，亲自送儿子去无盐（今山东东平县东南），在那儿喝酒庆祝。

天气寒冷，又下大雨，士兵又冷又饿。项羽说：“将士全力攻秦，却停在这儿不进军。今年闹饥荒，百姓很穷，士兵也没有吃的，宋义却喝酒庆祝。他不带兵渡河，找赵国要粮食，跟赵国合力攻秦，却说趁秦军疲劳再打。以秦军的强大，攻打新成立的赵国，一定能打赢。打败了赵国，秦国更强，哪里会疲劳？而且楚国刚打了败仗，楚王坐立不安，把全国的军队都交给宋义，国家安危，在此一举。如今他却不爱惜士兵，光想着私人利益，不是社稷之臣啊！”

十一月，项羽早上去见宋义，就在营帐中砍掉了宋义的头。他出来后传令军中：“宋义与齐国阴谋背叛楚国，楚王密令我杀死他！”当时，诸将都被慑服，没有敢动的，都说：“最开始立楚国的，是将军您家，如今也是将军杀死了作乱的人。”于是他们拜项羽为代理上将军。项羽派人去追宋义的儿子，追到齐国把他杀了。派桓楚去报告楚怀王，楚怀王就任命项羽为上将军。

项羽大破秦军

十二月，章邯修了粮道给王离送粮食，王离兵多、粮食充足，就急攻巨鹿。巨鹿城中粮食吃光了，兵又少，所以四处求救，齐军、燕军都来支援。项羽杀了宋义后，威震楚国，派将军带了两万人渡河去解救巨鹿。他们把章邯修的粮道切断了，于是王离的军队开始缺少粮食。

项羽带着全部兵力渡过黄河，渡河之前把所有的船都凿沉了，所有的锅和甑都敲破了，所有的营房都烧掉了，只带了三天的口粮，表示要跟秦军决一死战，不打算再回去。项羽一到巨鹿就围住王离，大战九回，大破秦军。章邯带兵撤退。其他诸侯国的军队这才敢进攻秦军，俘虏了王离。

当时，楚军在诸侯军里作战最勇敢。前去援救巨鹿的其他诸侯军有十多个营垒，都不敢出兵。楚军打秦军时，其他诸侯军都在营垒里观战。楚军战士以一当十，呼声惊天动地，诸侯军都吓坏了。

到项羽打败秦军、召见诸侯将领的时候，他们进入军营的大门，都爬着向前，没人敢抬头看项羽。从此以后，项羽真正成为上将军，诸侯都服他。

想一想

项羽行事的作风简单粗暴，一言不合就杀人，但是取得了辉煌的战果，你觉得他这种做法有何利弊？

郦食其见刘邦

郦食其跟苏秦差不多，都是以纵横之术成就事业。苏秦纵横天下，郦食其纵横捭阖。苏秦主张六国合纵，郦食其宣扬六国联合。他们的结局也差不多，苏秦被五马分尸，郦食其被煮成肉汤。

项羽在跟秦军作战的同时，刘邦也没闲着，他也带着兵跟秦军打仗，一路向西打到高阳（今河南杞县西南高阳镇）。

高阳有个叫郦食其的人，穷困潦倒。刘邦手下有个骑士跟他是同乡，郦食其去见他，跟他说："诸侯经过高阳的有几十人，我跟他们谈话，发觉他们都不行，规矩很多，固执己见，听不进我的话。我听说沛公平易近人，而且有雄才大略，这正是我愿意跟随的人，可惜没人帮我引荐。你见到沛公，就跟他说：'我有个同乡郦生，六十多岁，身高八尺，别人都说他是狂生。他自己却说自己不是狂生。'"骑士说："沛公不喜欢儒生，有戴着儒生帽子的人去见他，他就把人家的帽子解下来，往帽子里边撒尿；跟他们说话时，他经常大骂。你不能说自己是儒生去游说他啊。"郦食其说："你就按我说的跟他说。"骑士就原样把郦食其的话转告给刘邦。

郦食其向刘邦献计

沛公到了高阳安顿下来后，就派人去召见郦食其。郦食其到的时候，刘邦正坐在床上让两名侍女给他洗脚。郦食其给他作了个揖，没有下拜，问他：“您想帮助秦国攻打诸侯，还是想率领诸侯打败秦国？”刘邦骂道：“臭儒生！天下受秦国的苦很长时间了，所以诸侯都去攻打秦国，你怎么说帮助秦国攻打诸侯呢？”

郦食其说：“要联合义军消灭无道的秦国，就不应该对长者这么傲慢！”于是刘邦不洗脚了，起来穿好衣服，请郦食其上座，向他谢罪。郦食其跟他讲六国联合，刘邦很高兴，请郦食其吃饭，问他：“我应该怎么做呢？”

郦食其说：“您带的乌合之众，散兵游勇，不到一万人。想凭这支队伍攻入强大的秦国，就是羊入虎口啊。陈留这个地方，是天下的要害，四通八达，城中的粮食又很多。我跟陈留的守将很熟，我去跟他说，让他归附您。如果他不听，您就带兵攻打，我当内应。”

于是刘邦派郦食其去陈留，他带兵跟随，攻下了陈留。刘邦封郦食其为广野君。郦食其推荐他的弟弟郦商，当时郦商有四千人的队伍，带着来见刘邦。刘邦让他当大将，带领陈留兵跟随自己。郦食其经常当说客，出使诸侯。

刘邦继续攻打秦国，打到颍川（**今河南登封、宝丰以东，尉氏、漯河市以西，新密市以南，叶县、舞阳以北**），把城里人全都杀了。后来，有人劝谏他，不要徒增杀伤，他就不再掳掠，秦国百姓都很高兴。

想一想

刘邦为什么一开始对郦食其很无礼？

章邯投降项羽

章邯没能打败项羽，害怕秦二世处罚，就投降了项羽。虽然章邯在战场上杀死了项羽的叔父项梁，项羽却没有杀他为叔父报仇，反而立他为雍王。在古代诸侯之间的战争中，可能就是没有永恒的朋友，也没有永恒的敌人，只有永恒的利益。大概当时项羽就是这么想的吧。

项羽跟章邯相持不下，章邯撤退了几次，秦二世派人去责怪章邯。

章邯害怕了，派他手下的长史欣去咸阳请示，待了三天赵高都不见他，因为不信任他。长史欣也害怕了，就准备回章邯那儿，回去时却不敢走来时的路。而赵高果然派人去追他，没追上。长史欣回到军中，跟章邯汇报说："赵高掌握实权，下面的人没有什么权力。如今如果打胜了，赵高一定会嫉妒我们的功劳；如果打败了，我们就难逃一死。请将军好好考虑！"

项羽的手下陈馀也给章邯写信，说："白起当秦将时，南征北战，攻城略地，功劳无数，结果被赐死。蒙恬当秦将时，北逐匈奴，开辟疆土几千里，结果被处死。为什么？因为功劳太大，秦国不能全部封赏，就只好以法律为借口杀掉他们。如今将军当秦将三年了，损失了十万兵马，而诸侯兵越来越多。那赵高一向都报喜不报忧，现在事态紧急，也怕被秦二世处死，所以他打算以法律为借口处死将军，来搪塞秦二世。再派其他人代替将军，逃脱他的罪责。将军长期在外，朝廷内部仇人很多，您有功会被杀，无功也会被杀。而且天要亡秦，所有人都知道。将军现在对内不能直言劝谏，对外是亡国之将，孤立无援还想活下去，难道不令人悲哀吗？将军为什么不跟诸侯联合起来，一起攻打秦国，平分秦国土地，然后自己称王呢？这跟自己和妻子儿女被处死，哪个更好呢？”

章邯有些心动，就偷偷派人跟项羽联系，打算订约。但是没谈成，项羽就派兵继续与秦军大战，打败了秦军。章邯又派人见项羽，打算再度订约。

项羽跟手下商量，说：“我们粮食不多，我想跟章邯订约。”手下都说好。项羽于是跟章邯约定日期，在洹水殷墟上见面。订好盟约后，章邯见到项羽，痛哭流涕，说起赵高对他的种种欺压。项羽立章邯为雍王，留在楚军中；任命长史欣为上将军，带秦军在前面进攻。

想一想

章邯为什么要投降项羽？他和项羽有杀叔之仇，不怕项羽报复吗？

秦王朝灭亡

赵高在秦国一手遮天，谁也不敢忤逆他。秦二世一直被他蒙在鼓里，以为天下太平。秦二世死到临头才醒悟，可是已经太晚了，秦王朝大势已去。而奸诈的赵高也没能笑到最后，他害人害己，落得千古骂名。

当初，赵高想独掌秦国大权，就用计陷害丞相李斯，诬陷他要谋反。李斯虽然百般辩解，秦二世却不相信，最终把李斯三族都灭了。李斯死前，跟他的一个儿子说：“我想与你牵着黄狗，一起出东门追兔子，却再也没有机会了！”李斯死后，赵高就当了丞相，事无大小都是他说了算。即便如此，赵高还是担心群臣不听他的，就做了一个实验。他找来一只鹿献给秦二世，说：“这是马。”秦二世笑着说：“丞相错了，把鹿当成马了！”秦二世问左右，有的不说话，有的迎合赵高说是马，也有说是鹿的。赵高就偷偷把说是鹿的人处死了。之后群臣更为惧怕赵高了，不敢说赵高的过错。

赵高总是说关东的盗贼不成气候，但是秦军屡次战败，章邯写信求援，赵高却隐而不报。函谷关以东，大部分都背叛秦朝，响应诸侯，来攻打秦国。赵高怕秦二世一怒之下杀了他，就借口生病，不去朝见秦二世。

赵高杀秦二世，另立子婴

秦二世梦见白虎咬死了他的座车左边的马，很不高兴，就去占卜这个梦的含义。得到的结果是泾水（今泾河，渭水最大的支流）作怪，秦二世就在望夷宫（位于今陕西泾阳县东南、泾水南岸余家堡东）斋戒，打算祭祀泾水，沉四匹白马到水里。秦二世派人去责怪赵高，说他平息盗贼不力。赵高害怕了，就偷偷跟他的女婿咸阳令阎乐和弟弟赵成商量，说：“皇上不听谏言，如今局势危急，皇上要怪罪我。我想重新立子婴为皇帝。子婴仁慈俭朴，百姓都拥护他。”于是，赵高派郎中令为内应，假装有盗贼，一面派阎乐发兵去追，又一面劫持了阎乐的母亲关在自己的府中。阎乐带着一千多人到望夷宫门口，绑了守卫，问：“贼进了宫，你们怎么不阻止？”守卫说：“宫里守卫很严密，哪里有贼进宫？”阎乐就斩了守卫，杀进宫里，射杀侍卫和宦官。侍卫和宦官大惊，有的逃跑，有的抵抗。凡是抵抗的都被阎乐杀死了。阎乐还一箭射中秦二世的帷帐，秦二世大怒，召唤左右，却没人听他的。最后只剩下一个宦官跟着他，他问这个宦官：“你为什么不早告诉我实情？以至于到了今天这个地步！”宦官说：“我不敢说，所以还能活到现在。我要是早说，早就死了，哪还能活到今天？”

阎乐上前靠近秦二世，斥责他，说：“你骄纵妄为，随意杀人，天下人都背叛了你。你自己了断吧！”秦二世问：“我可以见丞相吗？”阎乐说：“不行！”秦二世说：“我希望给我一个郡，让我为王。”阎乐不同意。秦二世又说：“我愿意当个万户侯。”阎乐还是不同意。秦二世又说：“我愿意和妻子儿女当老百姓，跟诸位皇子一样。”阎乐说：“我奉了丞相的命令，为天下人处死你。你虽然说了很多，我还是不敢回去报告！”阎乐命令他的兵进来，秦二世只好自杀了。阎乐回去报告赵高。

赵高召集大臣、诸位皇子，跟他们通告秦二世已经死了，说：“秦以前是个王国，到始皇帝统一天下，所以称帝。如今六国都自立了，秦国的地盘越来越小，再虚名称帝，就不合适了，应该恢复称王。”于是赵高立子婴为秦王，以百姓的礼节安葬了秦二世。

子婴杀赵高，降刘邦

九月，赵高命令子婴斋戒，到宗庙接受玉玺。斋戒了五天后，子婴跟他的两个儿子商量，说："赵高在望夷宫杀了秦二世，怕群臣杀他，就假装出于公义立我为王。我听说赵高跟楚国约好了，要灭掉秦国宗室，平分关中称王。现在他让我斋戒，去宗庙，是想在宗庙中杀我。我借口生病不去，他一定自己来找我，到时我就杀死他。"赵高派人请子婴，子婴不去。于是赵高自己来请，问道："去宗庙这么重大的事，大王为什么不去？"子婴就在斋戒的宫里刺杀了赵高，还灭了赵高的三族。

公元前206年十月，刘邦进军到霸上（今陕西西安市东）。秦王子婴乘着丧车，驾着白马，脖子上系着绳子，带着皇帝的玉玺、符节，等在路边向刘邦投降。有人建议杀掉秦王，刘邦说："当初楚怀王派我来，是因为我能宽容待人。而且秦王已经投降，杀他不吉利。"接着他把秦王交给了官员处置。

秦王朝从统一六国到灭亡，只有短短十五年，可以说相当短命了。秦国自公元前359年商鞅变法后崛起，经过一百多年几代君主与各诸侯国的又拉又打，各个击破，终于在公元前221年由秦始皇平定天下。秦始皇在位期间，秦王朝的势力达到顶峰。秦始皇看起来不可一世，他也梦想着秦王朝会一直传到万世，可是万万没想到，秦王朝到秦二世就轰然倒塌了，真是"其亡也忽焉"。

想一想

秦王朝为什么短短十五年就灭亡了？

短命的秦王朝

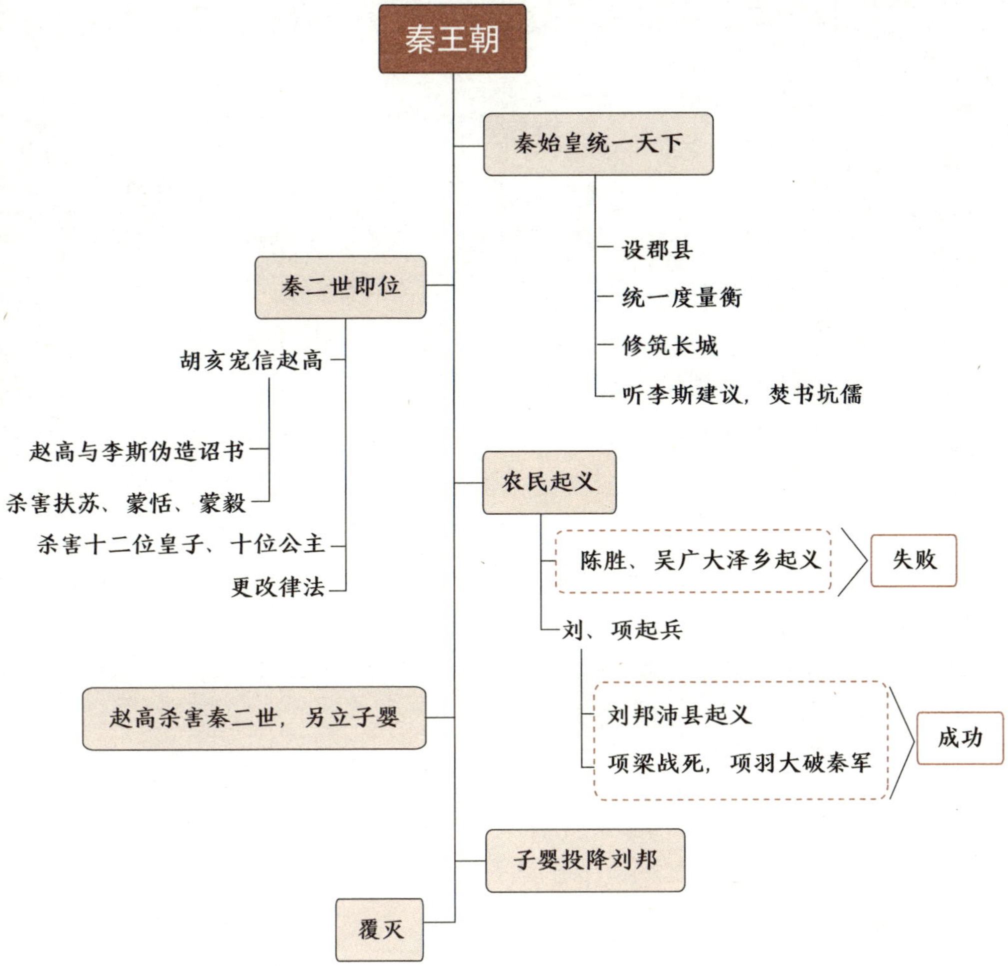
秦王朝
秦始皇统一天下
设郡县
统一度量衡
修筑长城
听李斯建议，焚书坑儒
秦二世即位
胡亥宠信赵高
赵高与李斯伪造诏书
杀害扶苏、蒙恬、蒙毅
杀害十二位皇子、十位公主
更改律法
农民起义
陈胜、吴广大泽乡起义
失败
刘、项起兵
刘邦沛县起义
项梁战死，项羽大破秦军
成功
赵高杀害秦二世，另立子婴
子婴投降刘邦
覆灭

秦王朝灭亡后，刘邦和项羽开始争夺天下。最后，楚霸王项羽在垓下被汉军四面围困，兵败自杀。楚汉相争的历史，激起了后世诗人的一咏三叹。李清照作诗：“生当作人杰，死亦为鬼雄。至今思项羽，不肯过江东。”毛泽东主席作诗：“宜将剩勇追穷寇，不可沽名学霸王。”

在这个故事里，刚开始刘邦处于弱势，项羽占据优势。刘邦几次都差点儿被项羽打垮，但他都挺过来了。刘邦善于笼络人心，而项羽不懂得用人，导致实力对比逐渐发生了转变。看问题不能一成不变，而要看到发展，这就是历史的辩证思维。

第8章

楚汉相争

用历史辩证思维看强弱形势的转变

刘邦和项羽攻占关中

刘邦和项羽共患难推翻了秦王朝，可是他们不能同享福。他们一灭掉秦王朝，进据关中，就开始争斗。刘邦对秦人采取怀柔政策，项羽则采取屠杀政策，他们争斗的结局也许从这儿就注定了。

刘邦占领咸阳后，手下将领都去抢夺金银财宝，只有萧何去秦国丞相府里收集图籍资料，所以刘邦就能知道天下的地理、人口、强弱。

刘邦发现秦国宫殿、帷帐、珍宝、美女不计其数，就想自己留着。樊哙劝他："您是要一统天下，还是要当个富翁呢？这么多奢华艳丽的东西，正是秦国灭亡的原因，您留着干什么呢？希望您马上回到霸上，不要留在宫中！"刘邦不听。

张良说："秦国无道，所以您才能到这儿。为天下除掉奸贼，自己应该俭朴。现在您刚一打进咸阳，就贪图享乐，这就是助纣为虐。而且忠言逆耳利于行，良药苦口利于病，希望您听樊哙的忠言！"于是刘邦就回到了霸上。

刘邦的怀柔政策

公元前206年十一月，刘邦召集咸阳周边的父老、豪杰，说："父老遭受秦国严酷法律的痛苦很长时间了。我跟诸侯约定，先攻入关中的人当王，所以我应该当关中的王。我跟父老约法三章：杀人偿命，伤人和抢劫要抵罪。秦国法律统统废除，官吏和百姓都照旧。我之所以来这儿，是为了帮父老除害，不是要欺压你们，你们不要害怕。我返回驻扎在霸上，是为了等诸侯来一起定下规矩。”

于是刘邦派人四处通告百姓，秦国人非常高兴，争着送牛、羊、酒食给刘邦的军队。刘邦推辞不收，说：“仓库里粮食多，不缺。我不想麻烦百姓。”百姓们更高兴了，生怕刘邦不当秦王。

项羽的屠杀政策

项羽已经平定黄河以北，就率领诸侯兵打算向西攻入函谷关。

之前诸侯兵经常受秦兵的苦，到章邯带着秦兵投降后，诸侯兵就趁机欺压秦兵。秦兵很怨恨，就私下说：“章将军欺骗我们投降诸侯，现在要是能攻入函谷关打败秦国，那是最好；要是不能成功，诸侯们肯定会逼着我们往东，秦国又会杀死我们的父母和妻子儿女，那可怎么办呢？”

诸侯们听说了秦兵的议论，去告诉项羽。项羽跟将领们商议：“秦兵人还很多，心里不服，如果他们到了函谷关不听我们的，事情就危险了。不如把他们都杀掉，只留下章邯、长史欣、都尉翳。”

于是，楚军连夜在新安（今河南新安县）城南把二十多万秦兵活埋了。

刘邦不让项羽进关

有人跟刘邦说：“秦国很富裕，地形好。我听说项羽封章邯为雍王，在关中称王，马上就要打过来，您恐怕就不能占据这儿了。您可以马上派兵去驻守函谷关，不放诸侯兵进来。同时征发关中的兵，抵抗诸侯兵。”

刘邦采纳了他的建议，随后项羽赶到函谷关，却见关门封闭无法入关。

项羽听说刘邦已经平定关中，大怒，就攻破了函谷关。

十二月，项羽进军到了戏（今陕西西安临潼区东北戏水西）这个地方。

想一想

刘邦、项羽原来是同盟军，但刘邦为什么不放项羽进函谷关呢？

鸿门宴

鸿门宴是刘项相争过程中关键的一环，项羽本来有机会杀掉刘邦，可是他这个时候表现出优柔寡断，不忍动手，而刘邦却当机立断，毫不留情诛杀了叛徒曹无伤。所以，仁慈与残暴，也不是一成不变的。

刘邦的左司马（官名）曹无伤为了得到项羽的封赏，就派人跟项羽说："刘邦想在关中称王，任命子婴当丞相，把所有的珍宝都抢走了。"项羽大怒，马上安排士兵饱餐一顿，约定第二天早上去攻打刘邦。

当时，项羽有四十万军队，号称一百万，驻扎在新丰鸿门（今陕西西安临潼区东鸿门堡）；刘邦有十万军队，号称二十万，驻扎在霸上。

范增劝说项羽："刘邦在崤山以东时，贪财好色。如今攻入函谷关，不抢财物，不宠妇女，他的志向不小啊！我派人观望他的天象，都是龙虎的形状，有五种颜色，这是天子的天象啊！您必须马上攻打他，千万不要丧失机会！"

鸿门宴之前

楚国左尹（官名）项伯是项羽的叔叔，跟张良关系很好。他听说项羽要攻打刘邦后，就连夜骑马去刘邦军中，偷偷见张良，跟他说明了情况，要张良跟他一起走，说："不要在这儿跟刘邦一起死啊！"

张良说："我为韩王送沛公到这儿来，如今沛公有难，我自己逃跑就太不忠义了，我不能不告诉他。”

于是张良就去跟刘邦报告，刘邦大惊。张良问：“您觉得您的军队打得过项羽吗？”刘邦沉默了一会儿，然后说：“打不过。那该怎么办？”张良说：“请您去跟项伯说，您不敢背叛项羽。”刘邦问：“您怎么跟项伯有交情呢？”张良说：“秦朝时，项伯跟我一起出游。他曾经杀过人，是我想办法救了他。今天情况危急，所以他来告诉我。”刘邦问：“他比您年纪大还是小？”张良说：“比我大。”于是刘邦说：“请您为我请他进来，我拜他为兄长。”张良就出去，邀请项伯进来。

项伯进去见刘邦，刘邦给项伯献酒，祝他长寿，而且跟他结为儿女亲家。他跟项伯说：“我攻入函谷关后，什么东西也没拿，安顿军民，封闭府库，一直等待项羽将军。之所以派人去驻守函谷关，是防备其他强盗进出和意外发生。我日夜盼望项羽将军来，哪里敢背叛他？！希望您跟项羽将军说明我不敢背叛他。”项伯答应了，跟刘邦说：“明天一定早点儿来向项羽谢罪。”刘邦说：“一定！”

于是项伯就回去了，跟项羽报告了刘邦的情况，他跟项羽说：“如果沛公不先攻破关中，您怎么敢进关呢？如今他有大功却要攻打他，这是不仁义的。您不如好好待他。”项羽答应了。

惊心动魄的鸿门宴

第二天一早，刘邦就带着一百多人骑着马来到鸿门见项羽，向他谢罪：“我与将军合力攻秦，将军在黄河以北作战，我在黄河以南作战。我没想到能先攻入函谷关打败秦国，得以在这儿再次见到将军。如今有小人说我的坏话，让将军和我之间有了误会。”

项羽说：“这是沛公的左司马曹无伤跟我说的，要不是这样，我是不会生这个事的！”

项羽于是留刘邦一同喝酒，范增几次给项羽使眼色，举起自己佩戴的玉玦三次向项羽示意。

项羽却沉默不回应。范增站起来出去找项庄，说：“君王为人不够心狠。你进去给大家祝酒，然后舞剑，趁机杀死刘邦。不然的话，我们都要被他俘虏！”于是项庄进去祝酒，说：“军中没有什么娱乐，我请求舞剑助兴。”项羽说：“好！”项庄就拔剑起舞，而项伯也拔剑起舞，常常用身体挡住刘邦，项庄就没有机会刺杀刘邦。

张良出来到项羽军营门口见樊哙。樊哙问：“今天情况怎么样？”张良说：“现在项庄拔剑起舞，意在杀死沛公。”樊哙说：“情况很紧迫了，我请求进去，跟沛公同生死。”

樊哙就带着剑和盾进去。军营门口的卫士拦住他不让进，他用盾把卫士撞倒在地就进去了。樊哙瞪大眼睛看着项羽，头发都竖起来了，眼眶都瞪裂了。

项羽按着剑直起身子，问：“这是哪位客人？”张良说：“这是沛公的车夫樊哙。”项羽说：“真是一位壮士啊！请你喝酒！”就赐给樊哙一斗酒，樊哙下拜感谢，站起来后一饮而尽。项羽说：“请你吃猪肘子！”就给了樊哙一个生的猪肘子。

樊哙把盾牌放在地上，再把猪肘子放在盾牌上，拔剑切开猪肘子吃掉了。项羽说：“壮士还能再喝酒吗？”樊哙说：“我死都不怕，还怕喝酒吗？秦国有虎狼之心，杀人和处罚人，生怕不够多，所以天下都背叛他。楚怀王跟诸将约定：先打败秦国攻入咸阳的，立他为王。如今沛公先打败秦国攻入咸阳，什么东西都不敢拿，驻军在霸上等将军来。如此劳苦功高，没有封爵的赏赐，您却听信小人的话，打算处死有功的人，这是步亡秦的后尘，我私下觉得将军的做法不可取啊！”

刘邦从鸿门宴脱身

项羽不知道该说什么，只好跟他说：“请坐！”樊哙就跟着张良坐下。坐了一会儿，刘邦起来上厕所，招呼樊哙出去。刘邦说：“我现在出来，没有向项羽告辞，怎么办呢？”樊哙说：“如今项羽是刀和砧板，我们是鱼肉，告辞干什么呢？”于是他们就走了。

鸿门离霸上四十里，刘邦计划丢下车辆，单身骑马。樊哙、夏侯婴、靳强、纪信拿着剑和盾步行，从骊山下走芷阳（今陕西西安市东）小道急行赶回霸上，留下张良向项羽谢罪。刘邦跟张良说：“从这条路到霸上，不过二十里。你估计我到了霸上，你再进去。”

于是，等刘邦已经到霸上后，张良进去谢罪：“沛公喝多了酒，没法向您告辞，委托我给将军献上一双白璧，给亚父范增将军献上一双玉斗。”项羽问：“沛公在哪儿呢？”张良说：“沛公听说将军打算责罚他，已经自己走了，现在已经回到霸上军中了。”

项羽就收下了白璧，放在座位上。亚父范增收了玉斗，放在地上，用剑敲破了玉斗，叹道：“唉！项羽你这小子不值得我给你出谋划策！夺你天下的，必定是刘邦。我们都要当他的俘虏了！”

刘邦回到军中，马上处死了曹无伤。

想一想

曹无伤和项伯的行为有什么相同和不同？项羽之前行事简单粗暴，动不动就杀人，为什么他在鸿门宴上却不对刘邦下手呢？

残暴的项羽

项羽打进咸阳后，烧杀抢掠，让秦国人很失望。他虽然名义上尊楚怀王为义帝，却偷偷杀死了他，让天下人很失望。而他并不自知，结果众叛亲离。孟子说："得道多助，失道寡助。"项羽和刘邦各做了一半，只不过项羽做到了后一半，而刘邦做到了前一半。

过了几天，项羽向西进兵，把咸阳人都屠杀了，还把秦王子婴也杀了，烧掉秦国宫殿，大火烧了三个月还不灭，把珍宝、妇女都抢走了。秦国人民大失所望。

有一个姓韩的书生劝说项羽："关中有山河险阻，四面都有屏障，土地肥沃，在这儿定都可以称霸。"项羽看见秦国宫殿都已经烧毁，又想着东归回家，就说："富贵了不回故乡，就好像穿着锦绣衣服在晚上行走，有谁知道呢？"姓韩的书生退下来后，说："人家说楚国人就像猕猴戴帽子，果然是这样！"项羽听说了这话，就把姓韩的书生煮死了。

项羽将义帝迁至江南

攻占咸阳之后，项羽派人去报告楚怀王，并询问立王的事情，楚怀王说："按以前的约定办。"项羽很愤怒，说："楚怀王是我家所立，他又没有功劳，怎么能主持这个约定呢？天下纷争，当初起兵时，暂且立诸侯的后代来讨伐秦国。但是亲自上阵打仗，在野外作战三年，灭秦定天下的，都是你们和我的功劳。楚怀王虽然没有功劳，还是应该给他分土地，让他当王。”大家都说：“好！”

正月，项羽假装尊奉楚怀王为义帝，说：“古代的帝王，地方有千里那么大，必定住在上游。”于是项羽把义帝迁到江南，定都在郴（chēn）地（位于湖南东南）。

项羽将刘邦分封到了汉中

二月，项羽分封其他的诸侯将领。项羽自立为西楚霸王，占据梁、楚地九个郡，定都彭城。

项羽和范增已经不信任刘邦，但既然已经讲和，又不想违约，就想了一个计谋：“巴、蜀道路险要，秦国迁过去的人都在那儿住，不如宣称巴、蜀也是关中的地。”于是项羽立刘邦为汉王，占据巴、蜀、汉中，定都在南郑（今陕西汉中）。把关中分成三部分，让章邯、长史欣和都尉董翳分别当王。其他各国诸侯，也各有封地。

刘邦大怒，想去攻打项羽，周勃、灌婴、樊哙都劝他。

萧何劝谏说：“在汉中称王虽然不好，总比死好吧？！”刘邦问：“为什么说死呢？”萧何说：“现在我们人没有项羽多，百战百败，不死还有什么？能向一个人屈服而取信于万民的，是商汤、周武王这样的人。我希望大王就在汉中称王，安抚百姓，招揽贤人，利用巴、蜀，回头平定三秦，就可以图谋天下了。”

> 韩、赵、魏三国瓜分晋国，称“三晋”，而今雍王、塞王、翟王瓜分秦国故土，故称“三秦”。

刘邦带着人马就去了汉中，并任命萧何为丞相。

刘邦赐给张良黄金百镒、珍珠两斗，张良都转手送给了项伯。刘邦也让张良多赠给项伯礼物，请他跟项羽说把汉中地都给刘邦，项羽同意了，还给了刘邦三万士兵跟着他去汉中。张良劝说刘邦把栈道都烧掉，是为了向项羽表示他不想向东去，让项羽放心。

刘邦在汉中招揽贤人

刘邦在汉中，果然按萧何所说的，善待百姓，招揽贤人，他得到韩信（汉初军事家）和陈平（汉初丞相）两位贤人。

韩信为他攻城略地，立下汗马功劳。萧何称赞韩信是“国士无双”。

陈平帮刘邦出谋划策，成功离间了项羽与范增的关系，让项羽不再信任范增。范增一气之下就离开了项羽，没多久就病死了。

项羽失去范增以后，就更加没有人给他出主意了。

项羽和刘邦对义帝持不同态度

公元前205年十月，项羽秘密派人杀死了义帝。天下人都很愤怒，反对项羽的人越来越多了。

而刘邦为义帝办丧礼、为义帝痛哭，得到很多人拥护。所以，虽然刘邦一开始比项羽势力小，几次被项羽打得一败涂地，但是他慢慢赢得人心，变得越来越强大；而项羽很残暴，又不会用人，所以跟着他的人越来越少了。

想一想

项羽说“富贵不归故乡，如衣绣夜行”，这体现了他什么样的心理？这种心理与他最终的败亡有什么关系？萧何为什么称赞韩信是“国士无双”？

垓下之战

项羽在形势一片大好的情况下，却被刘邦一步步蚕食，越来越弱，最后在垓下被汉军团团围住，走投无路，上演了乌江自刎的悲剧。刘邦个人武力值、行军打仗都不如项羽，所以项羽到死都是不服气的，把自己的失败归咎于天意，而不是败给了刘邦。他至死也不明白，两国相争，不是靠领导者个人的力量，而是靠集体的力量。

公元前202年十二月，项羽被刘邦追到了垓下（今安徽灵璧县东南），士兵很少，粮食也吃光了，又打不过汉军，只好躲在营垒里。

汉军和诸侯兵重重包围了项羽。项羽晚上听到四面的汉军都在唱着楚国的歌，大惊失色，问道："汉军已经把楚国全都占领了吗？为什么有这么多楚国人？"项羽就起床，在营帐中喝酒，悲歌慷慨，眼泪都流下来了。他的手下也都在哭泣，不能仰视他。

深夜从垓下突围

项羽骑着他的骏马骓，带着麾下八百多壮士，趁夜从南边突围逃跑。

到天亮汉军才察觉，派骑将灌婴带着五千骑兵去追项羽。

项羽渡过淮河后，跟随他的骑兵只有一百多人了。到了阴陵（今安徽定远县西北），项羽迷路了，问一个农夫，农夫骗他说往左。项羽往左走，就陷到大沼泽里了，导致汉军追上了他。

项羽又带着人马继续向东，到了东城（今安徽定远东南），只剩下二十八个骑兵了。汉军骑兵追来上的有几千人，项羽觉得逃不掉了，就跟手下说："我起兵到现在有八年了，身经七十多战，没有失败过，所以霸有天下。可是今天被困在这儿，这是老天要灭亡我，不是我打仗有什么失误。今天一定要决一死战，我要为诸君痛快打一场，一定要突围、斩将、砍旗，三胜，让诸君知道这是老天要灭亡我，不是我打仗有什么失误。"于是项羽把骑兵分成四队，向四个方向冲杀。

汉军重重包围住项羽，项羽对他的骑兵说："我要为你们杀死汉军的一个大将。"项羽命令四队骑兵冲下去，约定在山东面的三个地点集合。于是项羽大呼"冲下去"，汉军都往后退，项羽就杀死了一名汉将。当时，郎中骑杨喜追项羽，项羽瞪大眼睛叱责他，杨喜的人和马都受到惊吓，后退了几里路。

项羽跟他的骑兵在三处会合，汉军不知道项羽在哪儿，就兵分三路，又包围了他们。项羽又骑马冲过来，杀死了汉军一名都尉和一百多名士兵。之后项羽把他的人马集合起来，只少了两人。项羽问他的骑兵："怎么样？"骑兵都心服口服，说："确实如大王所说！"

乌江自刎

于是项羽打算东渡乌江，乌江亭长撑着船在等他。亭长跟项羽说："江东虽然小，地方也有千里，人有数十万，也足够称王了。希望大王赶紧渡河！现在只有我有船，汉军来了之后，就没有船渡河了。"

> 长江在芜湖市、南京市间做西南南、东北北流向，是南北往来主要渡口所在。秦汉以后，称自此以下的长江南岸地区为江东。

项羽笑着说："老天要灭亡我，我还渡

河干什么呢？而且我跟江东子弟八千人渡江向西，今天只剩我一个人。就算江东父老可怜我，让我当王，可我哪里有面目见他们呢？就算他们不说，我难道自己内心没有愧吗？”

于是项羽把骓马送给亭长，命令骑兵都下马步行，拿着短兵器作战。

项羽杀死了几百名汉军，自己也受了十几处伤。他看见汉骑司马吕马童，说：“你不是我的老朋友吗？”吕马童看了看他，对中郎骑王翳示意说：“这就是项羽！”项羽说：“我听说汉王用千金买我的头，还有封邑万户，我成全你。”于是自刎而死。

刘邦成为最后的胜利者

至此，楚汉相争结束，西楚霸王项羽兵败自杀，汉王刘邦取得胜利，他就是后来的汉高祖，开创了强大的汉朝。

项羽弓马娴熟，能亲冒矢石上阵杀敌，而刘邦看起来平平无奇，并不善于带兵打仗，似乎项羽比刘邦厉害得多。可是最后的胜利者不是项羽，而是刘邦。这是为什么呢？

韩信评价刘邦，虽然不善于带兵，但是善于带将领，也就是善于领导韩信、萧何、张良、陈平这样的杰出人才。其实韩信、陈平本来跟随的是项羽，项羽不重视他们，他们就投奔了刘邦，为刘邦打败项羽立下了汗马功劳。

想一想

项羽兵败自刎前都是不服气的，他把失败归结为天意，并未从自身找原因，你怎么看待项羽的失败？他为什么会输给刘邦呢？

鸿门宴人物关系图

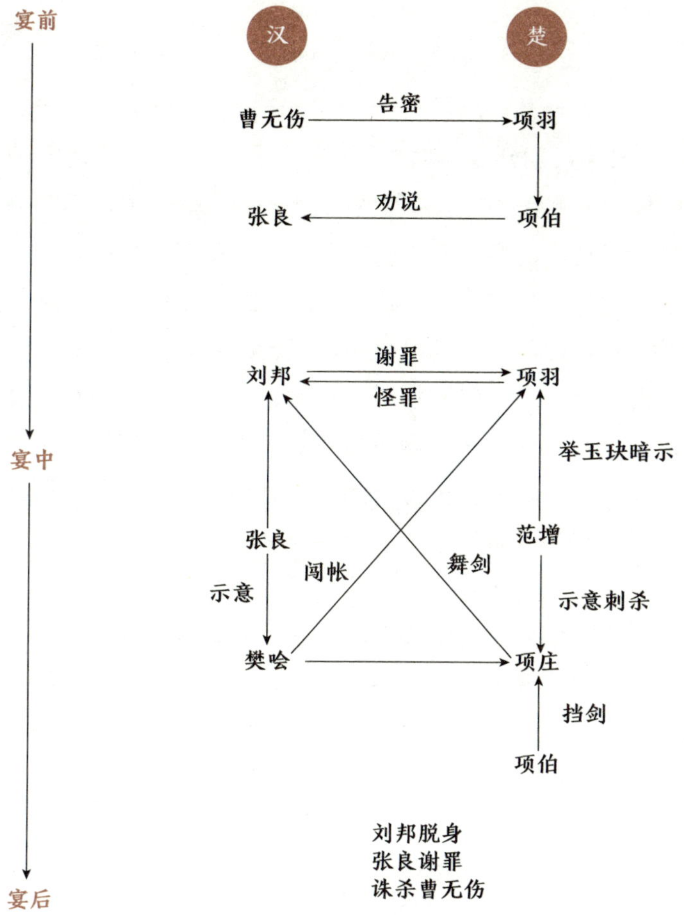
宴前
宴中
宴后
汉
楚
曹无伤
告密
项羽
项伯
劝说
张良
刘邦
谢罪
怪罪
项羽
举玉玦暗示
范增
示意刺杀
项庄
挡剑
项伯
张良
示意
樊哙
闯帐
舞剑
刘邦脱身
张良谢罪
诛杀曹无伤

东汉末年，朝廷变得腐败不堪。当时有一首民谣形象地描述了汉灵帝、汉献帝时的一团糟："举秀才，不知书。举孝廉，父别居。寒素清白浊如泥，高第良将怯如鸡。"皇帝丧失了权力，朝政掌握在军阀和宦官手里。百姓生活艰难，黄巾军就号召百姓起义，喊出口号"苍天已死，黄天当立，岁在甲子，天下大吉"，要推翻东汉朝廷。朝廷派了很多路人马去镇压，其中就包括曹操、刘备和孙坚、孙策。在镇压了黄巾起义后，曹操、刘备和孙权各自割据，分别建立了魏国、蜀国和吴国，这就是三国时代。下面要讲的是决定了三国鼎立的一场关键战役——赤壁之战。

在这个故事里，曹操是强势一方，刘备和孙权相对弱小，赤壁之战却以曹操大败，刘备、孙权大胜而告终。这跟智家与魏、赵、韩家的争斗有点儿像，所以两个故事可以对比起来看，培养历史辩证思维、博弈思维，思考以弱胜强的秘密。

第9章

赤壁之战

用辩证、博弈思维看待以弱胜强的战争故事

乱世英雄曹操、刘备、孙权

东汉末年的乱世里，各路军阀董卓、袁术、袁绍、孙坚、公孙瓒、刘表、吕布等人混战不已，打到后来，主要剩下曹操、刘备和孙权三家，他们三家玩儿“三国杀”争夺天下。在这场斗争中，且看他们如何利用各自的优势来实现目标。

曹操是东汉的丞相，挟持汉献帝，号令诸侯，势力最大。刘备是汉室之后，号称汉献帝的叔叔，名声很大，但是没有什么地盘。孙权因为有父亲孙坚和兄长孙策打下的基础，割据江东。曹操借口奉汉献帝的诏令带着八十万大军南下讨伐地方军阀，听起来名正言顺，眼看要一统天下，孙、刘两家形势危急。这就是赤壁之战前的天下大势。

曹操的雄才大略

我们首先说说曹操。曹操的父亲曹嵩，是东汉末年掌握朝廷大权的中常侍（宦官）曹腾的养子，也有人说他本来姓夏侯。

曹操年轻的时候就很机警，很有心计，但是他行侠放荡，不在意经营家产。旁人都不觉得他是个奇才，但是有人评价他：“汉朝要灭亡了，能安定天下的，必定是曹操！”还有人评价他：“曹操是太平时节的贤能大臣，是混乱时节的奸诈枭雄。”

曹操爱惜人才，刘备也曾经投靠过他。公元194年，曹操让刘备当豫州（今河南）的首领。

有人跟曹操说：“刘备有英雄志向，不早点儿对付他的话，以后必定会成为我们的祸患。”曹操问他的谋士郭嘉，郭嘉说：“是这样。但是您发起义兵，为百姓除暴安良，就应该用诚信来招揽俊杰。即便如此，尚且还怕他们不信任呢！现在刘备有英雄之名，因为走投无路来投奔我们，我们却杀死他，那就会落下谋害贤良的恶名。这样的话，这些俊杰就会疑心，转而投奔别人，您要跟谁一起平定天下呢？除掉一个人的祸患却让天下人失望，这是安危的关键，您一定要慎重考虑。”曹操笑道：“您说得很对！”于是曹操给刘备增兵、增粮，让他到沛地，收聚散兵对付吕布。

曹操曾经对刘备说：“如今天下的英雄，只有您和我，袁绍这样的人算不上英雄！”刘备正在吃饭，听到此话吓得把勺和筷子都掉地上了。当时正好打雷，刘备就掩饰说：“圣人说遇到打雷和大风，必定变脸色，果然是这样啊！”

后来，曹操一边用武力，一边用计谋，消灭了很多割据势力，他的人马和地盘不断扩大。

刘备的大志

刘备是汉朝中山靖王刘胜的后代，也就是说他有汉朝皇室血统，所以后来汉献帝刘协认他为皇叔，别人就尊称他“刘皇叔”。

刘备小的时候就死了父亲，家里很穷，他跟母亲靠卖鞋为生。他身高七尺五寸，手臂放下来能过膝盖，眼睛能看见自己的耳朵。他胸怀大志，话不多，喜怒都不形于色。

刘备跟关羽（蜀汉名将，后世称“武圣”）、张飞（蜀汉名将，与关羽并称为“万人敌”）关系很好，晚上睡在一张床上，亲密得像兄弟一样。后来，赵云（蜀汉名将，被称为“常胜将军”）也来跟随他。

刘备带着这三名武将，打了很多场仗，有胜仗，也有败仗。但是他一直没有大的突破，没有自己的地盘，只能不断地依附别的政权。

刘备曾经依附过曹操，后来又去投奔荆州（今湖北中部偏西）的首领刘表，谋士徐庶向他推荐了诸葛亮。刘备就让徐庶带着诸葛亮来见他，徐庶说："这个人需要您亲自去见他，不能让他屈尊来见您。"

刘备就去拜访诸葛亮，去了三次才见到。刘备单独跟诸葛亮谈话，说："汉室已经不行了，奸臣掌权。我不自量力，想安定天下，但是智谋短浅，到现在也没做成大事。我还是不甘心，您有什么好办法吗？"诸葛亮说："如今曹操已经有百万人马，挟持天子号令诸侯，您肯定不能跟他争锋。孙权占据江东，已经三代，地方险要，百姓归附。孙权任用贤能，您可以跟他结交而不可以图谋他。荆州和益州（今四川）都是好地方，但是他们的首领都不行，百姓都在期待贤明的首领。您是帝王后代，信义流传于四海。如果能够占据荆州和益州，跟孙权结盟，对内治理国政，对外观察时局变化，就可以成就霸业，兴复汉室了。"刘备说："好！"于是跟诸葛亮的关系越来越密切，感情越来越好。为此，关羽、张飞很不高兴，经常向刘备抱怨，刘备解释道："我得到诸葛先生，就好像鱼得到水一样。希望你们不要再说了。"

江东的实力派——孙权

孙坚和孙策经过多年经营，占据了江东，但是他们先后意外被杀，把江东留给了孙权。孙权是孙坚的儿子、孙策的弟弟，当时只有十八岁。他得到谋士张昭和大将周瑜等人的支持，江东的人慢慢都归附了他。

公元200年，曹操听说孙策死了，就想趁机讨伐江东。他的侍御史张纮进谏说："趁别人办丧礼时讨伐，不合古时礼仪。如果打不赢，还成了仇敌，不如厚待江东。”曹操就上奏章请求汉献帝封孙权为讨虏将军，当会稽的首领。

周瑜向孙权推荐鲁肃，说：“鲁肃的才能足以辅佐大业，您应当四处寻找像他这样的人才，成就功业。”

孙权就跟鲁肃见面，与他讨论，非常高兴。其他客人都退下后，孙权单独留下鲁肃，两人喝酒，说：“如今汉室不行了，我想像齐桓公、晋文公那样建功立业，您有什么好办法？”

鲁肃说：“从前汉高祖想侍奉义帝却不能实现，因为义帝在项羽手里。今天的曹操，就像从前的项羽，您怎么能有机会当齐桓公、晋文公呢？我觉得，汉室已经不可能复兴，曹操也除不掉。我为您考虑，只有占据江东，才能观察天下的形势。如果曹操忙于北方事务，您可以趁机剿除黄祖（荆州刺史，刘表的心腹），讨伐刘表，占据整个长江，这就是帝王大业啊！”孙权说：“如今我在江东经营，是希望辅佐汉室，您说的话是我没想到的。”张昭诋毁鲁肃年轻粗鲁，但是孙权越来越器重他，给他很多赏赐。

想一想

曹操为什么厚待刘备？他们是好朋友吗？刘备为什么跟诸葛亮关系越来越密切？孙权为什么器重鲁肃？

孙、刘联盟

孙权派鲁肃去游说刘备，作为回应，刘备派诸葛亮去游说孙权。鲁肃和诸葛亮的所作所为，跟苏秦、张仪、郦食其一样，都是靠三寸不烂之舌说服别人，终于达成了孙、刘联盟。

公元208年，鲁肃听说荆州的首领刘表去世，就跟孙权说："荆州跟东吴相邻，地势险要、土地肥沃、地方万里、百姓富有，如果我们能占据的话，这是称帝称王的资本。如今，刘表刚刚去世，他的两个儿子不和睦。军中的将领，有的支持刘表的大儿子，有的支持刘表的二儿子。刘备是天下的枭雄，跟曹操有仇，现在寄住在刘表那儿，刘表忌惮他的才能，不委以重任。如果刘备跟刘表的儿子同心协力，上下一体，那我们就应该安抚他们，跟他们结盟；如果他们不团结，那我们应该采取别的计划成就大事。我请命去吊唁慰问刘表的两个儿子，并且慰劳军中掌权的人，劝说刘备安抚刘表的人马，同心一意，共同对付曹操。刘备肯定会高兴地听我们的。如果这件事办成，天下就定了，而且我们要赶紧去，否则曹操就要抢先了。"

鲁肃为孙、刘联盟做铺垫

孙权就派鲁肃赶去荆州。鲁肃到了夏口（今湖北武汉市汉口），听说曹操已经杀向荆州，便日夜兼程。等鲁肃到达南郡（今湖北江陵）的时候，刘表的大儿子刘琮已经投降曹操了。刘备往南逃了，鲁肃赶紧去迎接他，跟刘备在当阳长坂（今湖北当阳市东北）会面。

鲁肃转达了孙权的话，跟刘备讨论天下大势，向刘备致意，并且问他："您如今打算去哪儿？"刘备说："我跟苍梧（今广西梧州市）太守吴巨有交情，打算去投奔他。"鲁肃说："孙权将军聪明仁惠、礼遇贤士，江东的英豪都归附于他。孙将军已经占据了六个郡，兵精粮多，足以成事。我为您打算，您不如派心腹去跟孙将军结交，共举大事。吴巨只不过是个普通人，地方很偏僻，很快就要被人吞并了，您怎么能投奔他呢？"刘备听了很高兴。

鲁肃又跟诸葛亮说："我是诸葛子瑜的朋友。"于是他们就决定结交。诸葛子瑜是诸葛亮的哥哥，到江东避难，当了孙权的长史。刘备采纳鲁肃的计策，进驻鄂县的樊口（今湖北鄂州市鄂城区西）。

诸葛亮游说孙权

曹操沿江陵顺流东下。诸葛亮对刘备说："事态紧急了，我请求奉命去向孙将军求救。"于是诸葛亮和鲁肃一起去拜见孙权。

诸葛亮在柴桑（今江西九江）见到孙权，劝说他："海内大乱，孙将军在江东起兵，刘将军在汉南起兵，跟曹操争夺天下。如今，曹操基本上平定了其他地方，攻破荆州，威震四海。刘将军英雄无用武之地，所以逃到这里。请孙将军量力而行。如果能以东吴的人马跟曹操抗衡，不如早跟曹操决裂；如果不能，您为什么不放下武器，向曹操投降呢？如今，将军表面上服从曹操，内心却在犹豫，事态紧急而不做决断，马上就要大祸临头了！"

孙权问："如果像您所说的，刘将军为什么不投降曹操呢？"

田横（?—公元前202年），秦末贵族。齐国人。秦末，从兄田儋起兵，重建齐国。楚汉战争中，汉军灭齐，他自立为王。失败后，投奔彭越。汉朝建立，率党徒五百余人逃往海岛。汉高祖刘邦命他到洛阳，他不愿称臣于汉，于途中自杀。留居海岛者闻田横死讯，也全部自杀。

诸葛亮说：“田横，是齐国的壮士，还坚守节义。何况刘将军是汉朝王室的后代，英才盖世，众士仰慕，都像水归大海那样去投奔他！如果刘将军没办成大事，那是天意，谁又能违抗天意呢？”

孙权勃然大怒，说：“我不能拿全东吴的地盘，十万人马，向曹操投降！我已经决定了！除了刘将军，没有别人可以抵抗曹操，但是刘将军刚刚战败，怎么能打得过曹操呢？”

诸葛亮说：“刘将军虽然在长坂战败了，如今剩下的军队和关羽的水军精兵还有上万人，刘表的二儿子刘琦带着的江夏士兵也不下万人。曹操带着人马，远途赶来很疲惫。他们追赶刘将军，轻骑兵一天一夜跑三百多里，这就是强弩之末，势不能穿越鲁缟。所以兵法上很忌讳这一点，必定会损失上将军。而且曹操的北方人马，不熟悉水战，加上荆州百姓归附曹操，是形势所逼，不是真的心服。今天，将军如果能派猛将统领几万士兵，跟刘将军同心协力，一定能打败曹操。曹操兵败，一定会回北方。这样的话，荆州和东吴势力变强，就会形成三足鼎立的形势。成败的关键，就在今天！”

孙权非常高兴，马上跟他的手下商量对策。

想一想

对比苏秦、张仪等人游说时所用的话术，鲁肃和诸葛亮的话术有什么相同点，又有什么不同点？

赤壁大战

孙、刘联盟虽然结成，共同抵抗曹操。但是曹操不费吹灰之力就占领了荆州，收编了刘表的人马，势力越来越大，形势对孙、刘两家很不利。这种情况下，如何以少胜多、以弱胜强？周瑜采用了跟田单火牛阵类似的计策，火烧曹操的战船，取得了赤壁之战的胜利。

正在这时候，曹操给孙权写了一封信，说："我最近奉皇帝的诏令讨伐有罪之人，战旗向南一指，刘琮就投降了。我现在带着水军八十万人，打算跟孙将军在东吴打一场猎。"

孙权把这封信给手下看，大家都大惊失色。

长史张昭说："曹公是豺虎，挟持天子讨伐四方，动不动就说是朝廷的命令。今天要是对抗他，事情就更不顺利了。而且将军可以抵抗曹操的资本是长江，但是曹操已经全部夺取荆州。刘表的水军战舰有上千艘，曹操都沿江摆开，而且还有步兵，水陆齐下。这是长江天险已经跟我们共有了，而我们的势力又不能跟他相比。以我的愚见，不如向曹操投降。"

只有鲁肃不说话。孙权起来上厕所，鲁肃追上他。孙权知道他的意思，拉着鲁肃的手问："你有什么要说的？"

鲁肃说："刚才我听了众人的议论，都是耽误将军的，您不值得跟他们商议大事。如今，我可以投降曹操，将军却不可以。为什么？因为我投降曹操，曹操会安排我当个官，慢慢升迁，可以做到州郡的太守。将军投降曹操，是想去哪儿呢？希望您早定大计，不要采纳众人的意见！”

孙权叹息道：“众人的议论，让我非常失望。现在你分析清楚大计，正跟我的想法相同。”

周瑜定计，拉开大战序幕

当时周瑜被孙权派去番阳（今江西鄱阳县），鲁肃劝孙权召回周瑜，共商大事。

周瑜回来以后，跟孙权说：“曹操虽然名义上是汉朝丞相，实际是汉朝的奸贼。将军英明神武、雄才大略，而且有父亲和兄长的余威，割据江东，地方有几千里，兵力精良充足，英雄都乐于为您所用。您正当横行天下，为汉朝除去奸贼。何况曹操自己来送死，您怎么可以投降他呢？我为您筹划一下：如今曹操并没有平定北方，马超（东汉将领，后归顺刘备）和韩遂（东汉将领）还在关西（即函谷关或潼关以西），是曹操的后患；可是曹操舍弃骑兵，操起船桨，要跟东吴争斗；现在又是寒冬，马没有草料，他驱使中原士兵远赴长江，水土不服，一定会生病。这几个方面都是用兵大忌，曹操却贸然行动。将军能否抓住曹操，就在今天。我请求带精兵数万人，进驻夏口，保证为将军打败曹操！”

孙权说：“曹操老贼想废掉汉朝自己当皇帝很久了，只是顾忌袁术、袁绍、吕布、刘表和我而已。如今这几个人都死了，只有我还在。我和曹操老贼势不两立，你说要跟曹操打一仗，正合我心意，这是上天把你赐给我啊！”

于是孙权拔出佩刀，一刀砍在面前的奏案上，说：“各位有再敢说要投降曹操的，就跟这个奏案一样！”

当天晚上，周瑜再次面见孙权，说：“诸位只看到曹操的信里说水军、步军八十万就吓坏了，不再考虑他的虚实，就说要投降，太没有道理了。我现在说说实际情况：曹操所带的中原士兵不过十五六万，而且已经长期疲劳；他得到刘表的人马最多不过七八万，而且他们并不忠于曹操。曹操带着疲劳的士兵，驾驭怀有二心的人马，人数虽然多，但并不可怕。我只要精兵五万，就足够打败曹操，希望将军不要担心！”

孙权摸着周瑜的后背说：“公瑾，你的话说到这个份儿上，非常合我的心意。张昭等人只顾自己的妻子儿女，满怀私心，太让我失望了。只有你和鲁肃跟我同心，这是上天派你们二人来帮助我啊。五万兵一时难以备齐，我已经选了三万人，准备了战船、粮食和武器。你和鲁肃、程普先出发，我陆续派遣人马，多装物资粮食，当你的后援。你要是能打败曹操最好，万一不如意就回来，我跟曹操决一死战。”

于是孙权任命周瑜和程普当左右都督，派兵和刘备合力抵抗曹操；任命鲁肃为随军校尉，出谋划策。

刘备在樊口，每天派巡逻的人在江边等候孙权的军队。巡逻的人刚一看见周瑜的船，就跑去报告刘备，刘备马上派人去慰劳。

周瑜说：“我有军事任务在身，不能让别人代理。如果刘将军能屈尊前来，那正是我所希望的。”

刘备于是乘着小船去见周瑜，问道：“如今抵抗曹操，是很正确的。您有多少士兵？”周瑜说：“三万人。”刘备说：“只恨太少了。”周瑜说：“这已经够了，您尽管看我打败曹操。”

刘备想叫鲁肃来一起谈，周瑜说：“我受了军令不能随意委托别人。您要是想见鲁肃，可以单独去找他。”刘备听了，既惭愧又高兴。

孙、盟军火烧曹营

周瑜和刘备进军，与曹操相遇于赤壁（位于湖北蒲圻西北，长江南岸）。当时曹操军中已经发生瘟疫，刚一交战便失利，曹操急忙引兵退回江北。

周瑜等据守在南岸，周瑜的部将黄盖说："如今敌众我寡，我们难以持久。曹操的军队把战船首尾相接，我们可以用火烧。"

黄盖找了十艘战船，装上干柴，灌上油，再包上帷幕，插上旗帜。他又预备了小船，系在战船尾部。接下来，黄盖给曹操写了一封信，骗他说要向他投降。当时东南风很急，黄盖的十艘战船冲在最前面，到江中打开帆，其余的船依次跟进。

曹操的士兵都出营观看，指着黄盖的船说他要投降。黄盖的战船在离曹操的军队还有两里多的地方，同时点火。火势猛烈，风又很猛，船像箭一样冲进曹操的队伍，把他的船全都烧掉了，还烧到了岸上的军营。一会儿工夫就火焰冲天，曹操的人马烧死、淹死的很多。

周瑜等率领精锐部队在后面追击，敲鼓进军，大败曹军。曹操带兵从华容道逃跑，道路泥泞又不通，天又刮大风，曹操派体弱的士兵背着草去填路，骑兵才得以通过。体弱的士兵被人马所践踏，陷在泥里，死了很多。

刘备、周瑜水陆并进，追击曹操直到南郡。当时曹操军中又有瘟疫，死了一大半，他只好派曹仁（曹操堂弟）、徐晃（曹操的将领）驻守江陵，派乐进（曹操的将领）驻守襄阳，自己带兵回北方了。

赤壁之战里的秘密

赤壁之战是我国历史上著名的以弱胜强的一场战役，这场战役以曹操的失败，刘备和孙权联盟的胜利而告终。

后面的局势基本上是鲁肃和诸葛亮分析预测的那样，曹操、刘备和孙权各自割据一方，分别建立魏国、蜀国和吴国。

这三个政权之间，有时打仗，有时和好，持续了几十年，可是最终他们三家谁也没能一统天下。天下最后被曹操的大臣司马懿的孙子司马炎统一，司马炎建立了西晋，他就是晋武帝。这结局也有点儿“螳螂捕蝉，黄雀在后”的意思。

司马懿、司马昭、司马炎祖孙三人一步步巧取豪夺了曹魏的基业，进而扫平天下，其过程也是跌宕起伏。

想一想

《三国演义》里描写的赤壁之战跟这篇文章有很大的不同，为什么呢？

赤壁之战前后双方兵力对比图

《资治通鉴》里写，曹操在赤壁之战前给孙权下战书时说，他带着“水军八十万人”，所以他名义上的兵力是八十万。但是周瑜跟孙权说，曹操带的自己人不过十五六万，接收投降的刘琮的人马不过七八万，所以他实际的兵力是二十四万（十五六万加七八万）左右。而孙权自己号称有十万人马，但是当周瑜跟他说只要五万人就可以打败曹操时，孙权说他一时凑不齐五万人，只有三万人。至于刘备，新吃了败仗，没有多少人马。诸葛亮宣称关羽有一万人，刘琦有一万人，所以名义上是两万人。这是赤壁之战前的三方兵力情况。

赤壁之战后，曹操大败，加上瘟疫，兵力变成病例，损失人马一大半。因此推测他新收的刘琮的人马都背叛他跑了或者染病死了，他自己的十五六万人剩下不到一半，也就是少于八万。孙权和刘备打了胜仗，刘琮或者其他的人马可能会投奔他们，因此他们的兵力都增强了。

当然，这些都是推测，并不是标准答案。我们只是借此分析双方兵力的差距。

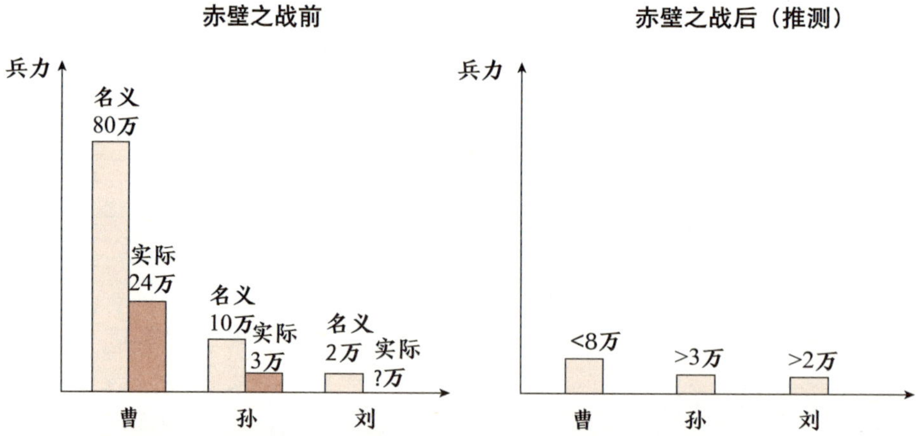

赤壁之战中瘟疫传播模型图

《资治通鉴》里写，曹军得了瘟疫。据此，我们假定这场瘟疫是一种传染病，传染速度是每天每人平均传染2人，也就是1传2，2传4……利用一定的数学推导，可以得到一个微分方程（大学里会学到）。再假定瘟疫发生时，只有一个人患病，那么求解这个微分方程，可以得到患病人数随时间的变化，结果显示，6天以后患病人数就超过16万了。

需要声明的是，这只是用简单的数学模型做了一个推测，是为了让大家直观感受一下瘟疫的传播速度，并不是标准答案。

据《三国志》记载，后来曹操又给孙权写了一封信，说赤壁之战是瘟疫打败了他，船是他自己烧的，让周瑜得了虚名。当然，曹操作为“奸雄”，白纸黑字写的信也不见得可信，但是我们能从一个侧面了解这场瘟疫确实厉害。

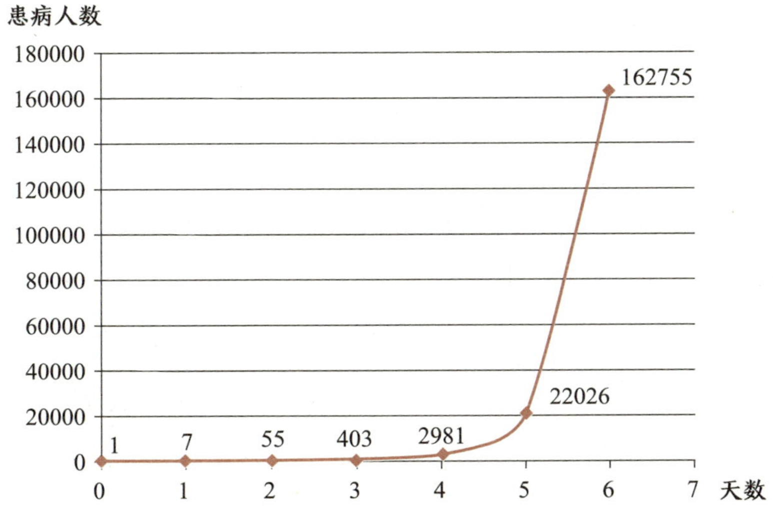

司马炎建立西晋之后，统一了中国。但是好日子没过多久，司马炎死后，晋惠帝继位，他能力平平，其他王爷起兵造反，爆发了“八王之乱”，连年征战，西晋元气大伤。少数民族乘机进攻中原，西晋五十余年就灭亡了。公元318年，司马炎的侄子司马睿在建康建立东晋，北方则落入了胡人之手。后来，前秦的氐族人苻坚统一了北方，与东晋形成南北对峙的局面。公元382年，苻坚决定攻打东晋，一统天下。淝水之战就是前秦和东晋在淝水爆发的一场大战。淝水之战，前秦兵力号称百万，东晋只有八万，前秦占绝对优势，可是结果前秦惨败。这是中国古代又一个以弱胜强的著名战例。

在这个故事里，历史重演了，弱小的东晋战胜了强大的前秦，是不是跟孙权、刘备打败曹操和魏、赵、韩家打败智家的历史有异曲同工之处？那么问题来了，运用你的历史辩证思维，想想以弱胜强的秘密是什么。

第10章

淝水之战

思考以弱胜强的秘密，培养历史辩证思维

骄傲的苻坚

苻坚经过多年征战，统一了北方，所以他就开始觊觎南方的东晋。他认为，自己掌握百万兵马，长江也不能阻断他进军。他咨询了多位大臣的意见，有赞成，有反对，最终他还是听从内心的召唤，决意攻打东晋。乔布斯说，“Follow your heart”（追随你的内心），可见也不能一概而论。

这里的“前秦”，指的是十六国时期的政权之一，由氐族人苻坚所创。因占据的是战国时代秦国故地，故以此立国号。

公元382年十月，前秦的国王苻坚在太极殿会见群臣，他说：“我继承大业已经三十年了，四方都平定了，只有东南一角，还不在我的统治之下。我现在计算了我的军队，有九十七万，我打算自己带兵去讨伐东晋，你们觉得怎么样？”

引申知识

十六国：西晋末年，天下大乱，各族人民纷纷起义，各少数民族也乘机起兵割据，逐鹿中原。从公元304年刘渊称王起到公元439年北魏统一中国北部止，一百三十五年间，各族统治者先后在北方和巴蜀建立了成汉、二赵（前、后）、三秦（前、后、西）、四燕（前、后、南、北）、五凉（前、后、南、北、西）和夏等十六个政权，史称“十六国”。

大臣们有的赞成，有的反对，反对的人说东晋有长江天险，不可以讨伐。苻坚说：“我现在兵马这么多，把马鞭扔到长江里，就足以让长江断流，晋国哪里有什么天险呢？”

大家议论纷纷，好久也定不下来。苻坚说：“这就像在路旁盖房子，不知道什么时候能盖成，因为路边发表不同意见的人太多。我要按照自己的内心做决定！”

于是苻坚单独留下他的兄弟阳平公苻融，说：“自古要成大事，不过一两个人就够了。现在大家议论纷纷，不过是在扰乱人的心思，我跟你做决定吧。”

反对者的声音

苻融说：“如今讨伐晋国有三个困难：一是天道不顺；二是晋国没有挑衅我们；三是我们多次打仗，士兵疲劳，百姓有畏敌之心。说不可以讨伐晋国的都是忠臣，希望陛下听从他们的意见。”

苻坚变了脸色，说：“你也这么说，我还指望谁呢？我有百万强兵，物资如山。我虽然不是什么明君，却也不是昏君。现在趁着我们连打胜仗，去进攻垂死的晋国，还担心打不赢吗？何必留着这个残敌，成为国家的忧患呢？”

苻融流着泪说：“晋国不可消灭是很明显的事。如今劳师动众，恐怕没有必胜的把握。而且我所担忧的不只这些。陛下宠幸鲜卑族人、羌族人、羯族人，他们遍布京城，而且是我们的大仇人。若只留下太子和弱兵几万人在京城，我恐怕京城会有变故，后悔就来不及了。我很愚笨，您可以不听我的意见。从前的丞相王猛，陛下常常把他比作诸葛亮，您不记得他临终前跟您说不可以讨伐晋国吗？”可是苻坚一点儿也听不进去。

支持者的声音

冠军将军、京城的长官慕容垂对苻坚说："弱小的被强大的吞并是理所当然的道理，并不难懂得。陛下的英明神武，威名海外；强兵百万，名将满朝；而小小的江南（指东晋），不听您的命令，怎么可以把它留给您的子孙再去解决呢？陛下自己作出英明决断就够了，何必问满朝大臣？晋武帝司马炎平定东吴，所依仗的不过张华、杜预等两三个臣子而已，如果他听众人的话，哪里还有统一天下的功业呢？"

苻坚听了非常高兴，说："跟我一起平定天下的，只有你而已。"于是赐给慕容垂五百匹帛。慕容垂是鲜卑人，本是前燕（十六国之一）的王族。因为前燕内部斗争而投奔苻坚，苻坚很器重他，对他委以重任。

后来苻坚消灭了前燕，而慕容垂一直以来的梦想就是恢复燕国。

想一想

要不要攻打东晋，不同的人有不同的看法，苻坚觉得自己一定能打败东晋，苻融劝苻坚不要去攻打，而慕容垂却劝苻坚打东晋，你怎么看？

大战前夕

苻坚下诏起兵攻打东晋，拥兵百万，声势浩大，他骄傲到了极点。而东晋这边，只有区区八万兵力，所以大家都很慌张，只有谢安气定神闲，说一切都安排好了，然而桓冲并不相信。实力如此悬殊，胜负看起来已经决定。

公元383年，苻坚下诏大举进攻东晋，百姓中每十个壮丁抽一个去当兵；良家子弟在二十岁以下，有才能又勇敢的，都官拜羽林郎（官名）。于是，良家子弟有三万多人骑着马来应征。

当时，大臣都不希望苻坚出征，只有慕容垂、姚苌（cháng，后秦的建立者）和良家子弟劝他攻打东晋。

苻融跟苻坚说："鲜卑人、羌人，是我们的仇人，他们常常希望局势变化，好趁机作乱。他们的计划怎么可以听呢？良家少年都是富家子弟，不懂军旅，只会说谄媚的话讨陛下高兴。如今陛下信任他们，轻率地起兵，我恐怕不能成功，还会有后患，到时后悔就来不及了。"可是苻坚不听。

大战前苻坚调兵遣将

八月，苻坚派苻融带着张蚝、慕容垂等率步兵、骑兵二十五万人作为前锋，以兖州（今山东西南部）刺史姚苌为龙骧将军，主管益州、梁州（今陕西秦岭以南，大巴山以西，四川江油、绵阳等县以东，贵州桐梓、正安以北地区）的军事。

苻坚对姚苌说："从前我以龙骧将军的身份建立大业，从来没有轻易把这个官职授给别人，你努力干吧！"左将军窦冲说："王者无戏言，这是不吉利的征兆啊！"苻坚就不说话了。

慕容楷、慕容绍跟慕容垂说："主上骄傲到了极点，叔父您建立中兴大业，就在此一举了！"慕容垂说："确实是这样。没有你们，谁跟我一起成事呢！"

苻坚从长安出发，带着步兵六十多万、骑兵二十七万，旗帜飘扬、战鼓连绵不绝，前后长达千里。

九月，苻坚到达项城（今河南项城），凉州（今甘肃黄河以西大部）的兵才到咸阳，蜀、汉的兵才顺流而下，幽州（今北京、河北及辽宁一带）、冀州（今河北、河南及山西一带）的兵才到彭城（今江苏徐州），东西也有一万里长，从水路和陆路一起进军，运粮食的船都有一万艘。苻融带兵三十万，先到了颍口（今安徽颍上县东南，颍河入淮河之口）。

东晋方面的备战

东晋孝武帝下诏以尚书仆射（官名）谢石为征虏将军、征讨大都督，以徐、兖二州刺史谢玄为前锋都督，与辅国将军谢琰（丞相谢安之子）、西中郎将桓伊等带八万军队迎战，派龙骧将军胡彬以水军五千支援寿阳（今安徽寿县）。

当时，秦兵势力很强，东晋都城人很害怕。谢玄去问谢安该怎么办，谢安很平静地说："已经有办法了。"然后就不说话了。

谢玄不敢再问，又派张玄去问谢安。谢安就让大家去他山里的别墅游玩，亲朋好友都来了，谢安就跟谢玄下围棋。平常谢安下棋是下不过谢玄的，但是这天谢玄因为心里害怕，就算形势有利也赢不了。

谢安出去游玩，到晚上才回来。远驻在外的桓冲非常担忧，派了三千精兵去支援京城。谢安坚决拒绝，说："朝廷已经安排好了，不缺军队，你应该留在西部边境防卫。"桓冲对手下说："谢安有在朝廷当官的气量，但是不懂打仗。如今大敌马上要到了，他却到处游玩聊天，只派不经世事的少年抗敌。我们人又少，天下局势已经很明显了，我们要被外族俘虏了！"

想一想

战前前秦和东晋都做了哪些准备工作？你觉得谁准备得更充分？

风声鹤唳，草木皆兵

两军一交战，开始秦国还是很有优势的。但是苻坚得胜后孤军深入，被东晋精兵击败，士气就泄了，决战时全无斗志，几乎全军覆没。前秦人马虽多，可是人心不齐，所以完全没有发挥出应有的战斗力。老话说，“人心齐，泰山移”，打仗，军心稳定最重要。

十月，苻融进攻寿阳，攻破寿阳城后俘虏了守将平虏将军徐元喜等人。慕容垂攻下郧（yún）城（今湖北安陆市）。

胡彬听说寿阳被攻破，就撤退保卫硖石（今安徽凤台县西南），苻融去攻打他。前秦卫将军梁成等人带兵五万驻扎在洛涧（今安徽淮南市东北窑河），沿淮水遏制晋军。

谢石、谢玄在离洛涧二十五里的地方驻扎，由于害怕梁成，而不敢前进。胡彬粮食吃光了，偷偷派使者去跟谢石等人说：“如今贼人势头正盛，我们粮食吃光了，恐怕不能再见到我们的大军了！”

结果前秦人抓到了使者，带他去见苻融。苻融派人快马赶去报告苻坚，说：“贼人少，容易擒拿，就怕他们逃跑，我们应该火速跟他们交战！”

苻坚于是把大部队留在项城，带着八千轻骑兵，日夜兼程赶去寿阳跟苻融会合，并派尚书朱序来游说谢石，说：“强弱不同，不如马上投降。”朱序却偷偷跟谢石说：“如果秦国百万军队都来了，确实很难打得赢。现在趁前秦军队还没到齐，应该马上进攻；如果打败前秦的前锋，那前秦的士气就会低落，之后便可大败前秦。”

谢石听说苻坚在寿阳，很害怕，想拖延不战，以此来拖垮前秦军队。但是谢琰劝谢石听从朱序的建议。

战争局势悄然变化

十一月，谢玄派广陵（**今江苏扬州**）相刘牢之率领精兵五千人赶去洛涧。在离洛涧不到十里的地方，梁成守住山涧摆下阵势，等待晋军到来。

刘牢之直接渡水，大破驻守于此的前秦军队，杀死了梁成，又分兵切断了秦军归路。前秦步兵和骑兵两军溃散了，抢着渡过淮水，死了一万五千人。刘牢之缴获了秦军所有的武器物资。

于是谢石带军队水陆并进。苻坚和苻融登上寿阳城观察晋军，苻坚看见晋军部队严整，又错看八公山（**今安徽寿县北**）上的草和树，误以为都是晋军，便跟苻融说：“这是劲敌啊，怎么说弱呢？”苻坚很失望，开始有些害怕了。

秦军一退不可收

秦军在淝水（**今安徽合肥肥水**）前摆下阵势，晋军不能渡河。

谢玄派使者跟苻融说：“您孤军深入，却把大军摆在水边，这是想打持久战，不是要速战速决。如果您把大军稍微往后撤退一些，使晋军能够渡河来一决胜负，这样不好吗？”

秦国诸将都说：“我们人多，他们人少，不如遏制他们不能过来，这样才是万全之策。”苻坚说：“尽管撤退一点儿，待他们渡河渡到一半时，我们以骑兵突然杀过去，哪有不胜利的呢？！”苻融也赞成，于是苻坚命令军队稍微后退一些。

结果秦军一退就停不下来了，谢玄、谢琰等人趁机带兵渡河进攻。苻融骑着马指挥军队，想阻止后退的士兵，可是马倒了。苻融被晋军杀死，秦军就崩溃了。

谢玄等人乘胜追击，一直追到青冈（今安徽寿县西北）。秦军大败，自己人互相践踏而死的，尸体遍布山野。逃跑的士兵听到风声和鹤叫的声音，都以为是晋军要追来了，日夜不敢停息，风餐露宿。因为饥饿和寒冷，将士又死了十之七八。

当初，秦军刚一后退，朱序就在后面高呼："秦兵败了！"于是士兵就拼命逃跑。朱序接着就回到东晋了。晋军缴获了苻坚所乘坐的云母车和衣服器械、物资宝贝不计其数，又攻下了寿阳。

想一想

为什么秦军一后退就停不下来了？

苻坚和谢安的结局

苻坚的百万大军一战就报销了，他狼狈地逃回长安，从此一蹶不振，两年后他被部下姚苌杀害。谢安虽然大获全胜，却因为皇上猜忌，辞官隐退，两年之后郁郁而终。淝水之战，或许双方都不是胜利者。

苻坚在战役中中了箭，骑着马逃到淮北，饥饿难忍，有百姓给他献吃的、喝的，他吃完了，留给百姓十匹帛、十斤棉。百姓推辞不要，说："陛下讨厌安乐，自取危困。我是陛下的子民，陛下是我的君父，哪有儿子给父亲吃的却要求报答呢？！"百姓说完就走了。苻坚对夫人说："我今天还有什么面目治理天下呢？"说完就泪如雨下。

当时，前秦军队都溃败了，只有慕容垂带领的三万人还在，苻坚带着一千多骑兵去慕容垂那儿。

慕容垂的儿子慕容宝对慕容垂说："燕国灭亡时，天命人心都归到您这儿，只是时运未到，所以您还需隐藏自己，没有行动。如今秦王兵败，投奔我们，这是上天给我们提供便利恢复燕国，机不可失啊！希望您不要因为顾念秦王的小恩惠就忘了社稷的重任！"

慕容垂说："你说得对。但是他一片诚心来投奔我，我怎么好害他呢？上天如果要放弃他，何必我们担心他不灭亡？不如这次保护他，报答他以前对我们的恩德，等下次有机会再图谋大事！既不辜负他，也可以用道义取信天下。"

奋威将军慕容德说：“秦国强大，他们就吞并燕国；秦国弱小，我们就图谋秦国，这是报仇雪耻，不是辜负他。兄长为什么有机会却不动手，反而把几万军队交给他呢？”

慕容垂说：“我从前为燕国太傅所不容，走投无路，逃到秦国，秦王以国士待我，礼节周到。后来王猛陷害我，我没法辩解。只有秦王明白真相，我怎么可以忘掉这份恩情呢？如果氐族人命运一定要穷尽的话，我就在关东光复先人大业，关西之地本应不是我所有的。”

> 图谶，古代的一种占卜书。谶为方士、巫师和儒生等制作的以隐语为形式预决吉凶的宗教预言。因附有图，故称为图谶或图录。

冠军行参军赵秋说：“您应当光复燕国，这是预言图谶（chèn）上写得明明白白的。如今天时已到，您还等什么呢？如果杀掉秦王，占据邺都，进军向西，三秦就不归苻氏所有了！”

慕容垂的部下多数都劝慕容垂杀掉苻坚，但是慕容垂不听，仍然把军队交给了苻坚。

失败者苻坚的结局

苻坚回到洛阳，只剩下十多万人。十二月，他回到长安，先沉痛地祭奠了苻融，然后才进入长安城。他大赦天下，免除死难者家属的赋税。此时，他心中的后悔恐怕是到了极点，但是为时已晚。

淝水之战后，苻坚的国家也分崩离析，过去归附他的人纷纷造反，慕容垂光复了燕国，姚苌两年后杀害了苻坚，建立了后秦。淝水之战时，苻坚委任姚苌当龙骧将军，果然很不吉利。

胜利者谢安的结局

谢安在淝水之战立下大功，声誉之隆达到极点。

谢安的女婿叫王国宝，是另一位大官王坦之的儿子。谢安讨厌王国宝的为人，所以不重用他，只让他当尚书郎。而王国宝觉得自己是名门望族，按惯例应该去吏部当官，因此坚决不去就任，从此很怨恨谢安。王国宝的堂妹是会稽王司马道子的王妃。因为孝武帝和司马道子都喜欢喝酒，经常一起饮酒作乐，王国宝就向司马道子说谢安的坏话，让司马道子也在孝武帝面前说谢安的坏话。而其他人也有在孝武帝面前说谢安坏话的，所以孝武帝就慢慢疏远了谢安，同时担心谢安夺他的权。

谢安一看这情况就隐退了，淝水之战两年后就病死了。

一百万对抗八万，单从兵力对比来看，前秦对东晋是绝对优势，淝水之战毫无悬念。

《孙子兵法》说“故用兵之法，十则围之”，前秦完全可以把东晋包围起来一通胖揍，然后胜利班师。可是苻坚光关注数量，忽略了质量，因此他的士兵虽多，却有相当一部分是不懂军事的富家子弟，战斗力很差。而东晋军队人数虽少，却都是能打的精兵。

想一想

淝水之战是我国历史上又一次以弱胜强的战役，前秦兵力一百万，东晋只有八万，结果却是前秦一败涂地，东晋大获全胜。通过这个故事，分析一下前秦为什么失败，东晋为什么胜利。

赤壁之战和淝水之战对比图

赤壁之战和淝水之战都是中国历史上著名的以弱胜强的战役，它们有什么相同点和不同点呢？不妨把它们放在一起比一比。下面对比图中，战役的时间、地点、人物、战前兵力、战法、结局都是按《资治通鉴》记载列出的，而战后兵力是我的推测。分析这一项是我根据《资治通鉴》总结的，这个当然没有标准答案，大家可以再自行分析。

	赤壁之战			淝水之战	
时间	公元208年12月			公元383年11月	
地点	赤壁			淝水	
人物	曹操	刘备 诸葛亮	孙权 鲁肃 张昭 周瑜 黄盖	苻坚 苻融 慕容垂 姚苌 梁成 朱序	谢安 谢拓 谢玄 谢琰 桓伊 胡彬 刘牢之
兵力	24万	2万？	3万	100万+	8万
战法	水战	火攻		陆战	对攻
战后兵力	<8万	>2万	>3万	10万+	8万？
结局	曹操	刘备、孙权		苻坚	谢安
	败	胜		败	胜

	赤壁之战		淝水之战	
	曹操	刘备、孙权	苻坚	谢安
分析	①兵力多，但人心不齐 ②士兵疲劳 ③北方有后患 ④不善于水战 ⑤暴发瘟疫	①人心齐 ②主场作战 ③善于水战	①兵力多，但人心不齐 ②士兵疲劳 ③有内鬼	①人心齐 ②主场作战

淝水之战后，北方重新陷入分裂，各方势力争斗不休，东晋获得了数十年的和平。随后，北方的拓跋氏建立北魏，征服了北燕等少数民族。南方的东晋将领刘裕篡夺了东晋政权，建立南宋，历史进入南北朝时期。南宋经过六十年被南齐取代，南齐经过二十多年被南梁取代。梁武帝萧衍，就是南梁的开国皇帝。他出身高贵，文武全才，博学多能。他一生经历异常丰富，而他最后的败亡也是跌宕起伏。用他自己的话说：“自我得之，自我失之，亦复何恨！”

在这个故事里，萧衍展现了多副面孔，他有时是篡位的权臣，有时是英明的君主，有时是慈爱的父兄，有时是博学的文人，有时是虔诚的佛教徒，有时是昏聩的皇帝，体现了历史人物的复杂性，这是学习历史辩证思维的好素材。

第十一章

梁武帝萧衍

用历史辩证思维看萧衍的多副面孔

不成体统的萧昭业

齐武帝萧赜是南齐开国皇帝——齐高帝萧道成的儿子，他本来册立他的长子萧长懋为太子，可惜萧长懋先于他去世，他只好另立萧长懋的长子萧昭业为皇太孙继承皇位。萧昭业很聪明，可是心术不正。

公元484年正月，南朝齐国的竟陵王萧子良被齐武帝萧赜任命为护军将军兼司徒，带兵镇守西州（今甘肃中部和东部一带）。

萧子良喜欢结交宾客，所以有才的人都去他府上聚会。其中有八个人文学才能杰出，号称“八友”，他们是记室参军范云、萧琛、乐安任昉、法曹参军王融、卫军东阁祭酒萧衍、镇西功曹谢朓、步兵校尉沈约、扬州秀才吴郡人陆倕。特别是萧衍，胸有韬略，文武全才。有位高官王俭很是器重他，说：“萧郎三十岁以后将贵不可言。”当时萧衍只有二十岁。

竞争者萧子良之死

公元493年七月，齐武帝生病，下诏让萧子良带兵进宫侍奉医药。

萧子良带上了萧衍、范云等人。没几天，齐武帝病重，昏迷不醒。而皇位继承人——齐武帝的孙子萧昭业——还没进宫。

宫内外人心惶惶，百官都已经改穿丧服。王融想假传圣旨立萧子良为帝，已经把诏书写好了。萧衍对范云说：“外边都在议论，说会有大的变故。王融没有济世之才，我看他要失败了。”范云却说：“忧国的，只有王融一人了。”萧衍说：“忧国，是要做周公、召公呢，还是要做竖刁（齐桓公的宦官，泛指阉臣、奸臣）呢？”范云就不敢回答了。

到萧昭业来的时候，王融已经穿上军服红衫，挡在门口禁止萧昭业进宫。过了一会儿，齐武帝醒过来，问萧昭业在哪儿，要召见萧昭业和他的人马，并且把朝政托付给尚书左仆射西昌侯萧鸾。然后齐武帝就驾崩了，王融派萧子良的兵把守住宫门禁止人出入。

萧鸾听说之后，火速骑马赶到云龙门，士兵不让他进去，他说："皇上有圣旨召见我！”推开士兵就进去了。一进门就立刻侍奉萧昭业登上大殿，命令左右扶出萧子良。他指挥部署，声如洪钟，殿中人都听他的吩咐。

王融知道大势已去，只好脱下军服回去。从此萧昭业就很怨恨王融，十几天后就找个罪名把他杀了。而萧子良也因为害怕，第二年就死了。萧昭业本来担心萧子良有异心，得知他死了，很高兴。

表里不一的萧昭业

萧昭业很聪明，长得也很好看，能言善辩，所以齐武帝很喜欢他。但实际上，他表里不一，私下与左右寻欢作乐。他的父亲，也就是皇太子生病时，他侍奉父亲，非常哀痛，经常号哭，连见到的人都免不了呜咽。但他一回到自己的私宅，就开怀畅饮。他还找了一个姓杨的女巫，帮他咒父亲早死。后来他父亲年纪轻轻就死了，他认为是那个女巫的功劳，就对她更加尊敬。到齐武帝生病时，他又让女巫继续诅咒。齐武帝病重，萧昭业就给妃子何氏写了一幅字，中央是一个大“喜”字，周围环绕着三十六个小“喜”字。

但是齐武帝并不知道萧昭业的不敬，因为萧昭业在侍奉他时，说着说着就开始流泪。齐武帝以为他必定能担当大业，跟他说：“五年之内国事都委托宰相，你不用管；五年之后就不要委托别人了。如果你自己做却不成功，也没什么好悔恨的。”

齐武帝临终的时候，握着他的手说：“如果你想念祖父的话，就好好干！”然后就驾崩了。而齐武帝的遗体刚被装进棺材里，萧昭业就把齐武帝的歌女都叫过来演奏音乐。

想一想

你认为萧昭业有哪些不成体统的地方？

更加不成体统的萧宝卷

萧昭业很快就被西昌侯萧鸾废黜了，萧鸾自己当了皇帝。然而，没过多久萧鸾就驾崩了，他儿子萧宝卷继位后大杀功臣，这是汲取萧昭业的教训，因为怕他们夺他的皇位。

萧昭业这样不成体统，西昌侯萧鸾打算废黜他，便找萧衍同谋。

荆州刺史随王萧子隆性情温和，文才出众，萧鸾打算征召他，又担心随王不会同意。

萧衍说："随王虽然有美名，但很平庸。他也没有智谋之士辅佐，只不过依仗垣历生和卞白龙两个人。这两个人唯利是图，如果加封他们为大官，他们不会不来的。至于随王，只要写封信就行了。"

萧鸾听从了他的意见，就征召垣历生为太子左卫率、卞白龙为游击将军，两个人就都来了。然后萧鸾征召萧子隆为侍中、抚军将军。

豫州刺史崔慧景是齐高帝、齐武帝时的老将，萧鸾不放心他，就任命萧衍为宁朔将军，镇守寿阳。崔慧景害怕了，就穿着白色衣服出城迎接萧衍，萧衍对他大加安抚。

公元494年七月，萧鸾派人进宫杀掉了萧昭业，立十五岁的新安王萧昭文为皇帝。

十月，萧鸾又把萧昭文废为海陵王，自己当了皇帝，就是齐高宗。

十一月，齐高宗立儿子萧宝卷为太子，然后偷偷杀死了海陵王。

萧衍的计策

萧衍在齐高宗手下带兵跟北朝的魏国打仗，各有胜负。

公元498年七月，齐高宗任命萧衍为雍州（今湖北襄阳一带）刺史，萧衍就可以割据一方了。

几天以后，齐高宗就驾崩了，太子萧宝卷继位，就是齐东昏侯。但朝中实际掌权的是六个人：扬州（今安徽淮水和江苏长江以南等地）刺史始安王萧遥光、尚书令徐孝嗣、右仆射江祏、右将军萧坦之、侍中江祀、卫尉刘暄。

萧衍说："一个国家有三个重臣就不得了了，何况是六个！他们一定会互相争斗，马上就会有乱子了。避祸图福，没有比雍州更好的。但是我的几个弟弟都在都城，恐怕会遭殃，我得跟在益州的哥哥商量。"

于是萧衍秘密跟手下张弘策备战，其他人都不知道。萧衍招募了几万名勇士，大量砍树木、竹子，沉到檀溪（今湖北襄樊市西南）里；堆积割下的茅草，多得像山一样，但是都不用。

萧衍的手下吕僧珍明白他的意图，私下准备了几百支船橹。吕僧珍最开始当羽林监，徐孝嗣想任用他，但是吕僧珍知道徐孝嗣不能长久，坚持要去跟着萧衍。

萧衍分析形势

这时萧衍的哥哥萧懿刚刚被免了益州刺史，但是还掌管郢州的事。

萧衍派张弘策去劝说萧懿："如今六名重臣主政，互相争斗。皇上自当太子时就名声不好，亲近左右、凶悍残忍，怎么肯把朝政交给这六人，自己坐个虚位呢？猜忌的时间长了，他一定会大加杀戮。萧遥光想谋反，已经露出形迹，但他心胸狭窄，只会惹祸；萧坦之为人猜忌又傲慢；徐孝嗣只会听人摆布；江祏不会决断；刘暄糊涂又懦弱。一旦出乱子，朝廷内外就会土崩瓦解，你我兄弟二人幸亏在外地镇守，该为自己考虑考虑了。趁现在朝廷还没有怀疑我们，马上把各位弟弟都召过来，免得到时想逃都无路可走。郢州控制着荆、湘二地，雍州人马精壮，世道好就竭诚为朝廷效力，世道乱也足以匡扶朝廷。根据时局发展决定进退，这是万全的计策。如果不及早考虑，后悔就来不及了。”

张弘策又说：“以你们兄弟的英明神武，天下无敌；占据郢州和雍州，为百姓请命，废黜昏君，另立明君，易如反掌，这是齐桓公、晋文公的功业。千万不要被小人所欺负，被后人嘲笑。萧衍已经考虑成熟了，请您也好好考虑！”

可是萧懿不同意。萧衍就把他的弟弟萧伟和萧憺迎到襄阳。

东昏侯大杀功臣

没多久，萧遥光果然造反了，不过很快就被萧坦之等人打败，萧遥光被杀。而二十多天后，萧坦之被东昏侯派人杀死。

东昏侯那时十七岁，玩乐无度，非常荒淫。齐高宗临终时告诫他：“做事不可落在人后。”意思是萧昭业当皇帝后没有马上杀掉齐高宗，结果就被齐高宗先下手为强废黜了。所以东昏侯就大杀功臣，而且是突然下手。

想一想

东昏侯为什么要大杀功臣？

萧衍起兵反抗萧宝卷

萧衍的哥哥萧懿对萧宝卷忠心耿耿，却被萧宝卷害死，萧衍于是起兵反抗萧宝卷。实际上，萧衍早就做好了准备，他占据雍州，厉兵秣马，一直在等待机会。

大臣们人人自危，不断有功勋老臣奋起造反。而萧懿始终对东昏侯忠心耿耿，全力对抗那些造反的老臣。

萧懿的手下劝他说："诛杀奸贼之后，您的功劳就大到没法赏赐的程度。即使遇到明君贤主，恐怕您也难以立足；何况在乱世之朝，您怎么自保呢？如果消灭奸贼之后，您带兵入宫，像当年伊尹、霍光那样辅佐朝政，这是万世难逢的好机会。如果您不想这样做，可以请求回历阳（今安徽和县），借口抵抗北魏。那样也可以威震内外，谁敢不听您的？一旦您交出兵权，接受皇上的高官厚禄，虽然权位高却没有兵，一定会后悔的。"可是萧懿并不听从。

东昏侯杀萧懿

东昏侯任命萧懿为尚书令，这个位置的权力很大。

东昏侯还是游乐无度，有人劝萧懿把东昏侯废掉，萧懿不听。

东昏侯的宠臣忌惮萧懿的威权，跟东昏侯说："萧懿将像齐高宗对萧昭业那样对您下手，您命在旦夕了。"东昏侯觉得他们说得很对。

萧懿的手下徐曜甫知道了，秘密准备好船，劝萧懿向西逃往襄阳。萧懿说："自古都有死，哪里会有叛逃的尚书令呢？"萧懿的弟弟和侄子都做好了防备。

公元500年十月，东昏侯命令萧懿服毒自尽。萧懿临死时说："我的弟弟萧衍在雍州，我很为朝廷担忧。"

萧懿有弟弟九人：萧敷、萧衍、萧畅、萧融、萧宏、萧伟、萧秀、萧憺、萧恢。这时候，萧懿的弟弟和侄子都藏起来了，没有人告发他们，只有萧融被抓住杀掉了。

萧衍打算起兵反抗东昏侯

东昏侯也怀疑萧衍有异心，刚好他手下大臣郑植的弟弟郑绍叔在萧衍那儿当官，东昏侯就派郑植以看望郑绍叔为名，去刺杀萧衍。

郑绍叔知道以后，偷偷告诉了萧衍。萧衍就在郑绍叔家摆酒，跟郑植开玩笑，说："朝廷派您来谋杀我，今天正好有空儿一起喝酒，这是您杀我的好机会啊！"宾主都大笑起来。

萧衍又带郑植参观城防、仓库、兵马、武器、战船。郑植退下后，跟郑绍叔说："雍州实力很强，朝廷不容易对付。"郑绍叔说："兄长回去以后，请跟皇上说：'如果要来攻取雍州，我郑绍叔请求以此人马与皇上一战！'"之后郑绍叔送别郑植，相拥痛哭。

萧衍听说萧懿的死讯后，连夜召集张弘策、吕僧珍等人到家里商议。

几天后，萧衍召集手下人说："昏君暴虐，比商纣王还要坏。我将跟各位一起除掉他！"

当天，他就集合人马，得士兵一万多人、马一千多匹、船三千艘。把沉在檀溪里的木材和竹子装在战船里，盖上茅草，事情很快就办妥了。众将争抢船橹，吕僧珍拿出之前准备的船橹，每船可以配两支，于是就没人再争了。

萧衍马上联合了荆州刺史南康王萧宝融一起攻打东昏侯。

公元501年三月，萧宝融在湖北江陵称帝，萧衍为左仆射。

想一想

萧衍为什么要起兵反抗东昏侯？是为他的哥哥萧懿报仇吗？

萧衍攻下建康

萧衍由于事先做了周密安排，粮草、人马都不缺，所以很快就打败萧宝卷，占领了建康。他到建康以后，安抚百姓，招降南齐旧臣，稳定了局势。

公元501年七月，萧衍带兵出征，张弘策帮他绘制从夏口到齐国都城建康（今南京）的地图，非常详细，像他亲眼见过一样。

九月，任命郑绍叔负责督运粮草，萧衍跟他说："你就是我的萧何，前线不利，是我的责任；粮运不济，是你的责任。"郑绍叔流泪接下任务，尽心尽力，一直到攻克建康，粮草都没有断过。

攻下建康之后

萧衍连连取胜，东昏侯却仍然跟以前一样游乐无度，他跟手下宠臣说："等萧衍到了建康城门前，我跟他决战。"

十月，东昏侯派精兵十万余人在建康城外跟萧衍决战，督战的宦官把归路切断，准备背水一战。交战双方都拼死战斗，喊杀声震天动地。最终东昏侯军队中的一名骁将席豪战死，官兵们顿时土崩瓦解。

十二月的一天晚上，东昏侯的手下反水，带兵进宫杀死了东昏侯，用黄油布包裹东昏侯的人头，让百官署名，派国子博士范云送去给萧衍。

右卫将军王志叹息道："帽子就算再破，怎么可以戴在脚上？"之后摘了庭中的树叶吞下去，假装晕了过去，没有署名。

萧衍看到署名里没有王志，心里非常赞赏他。

范云本来就跟萧衍是好朋友，所以萧衍就留下他给自己出谋划策。

王亮在东昏侯的朝堂上左右逢迎，当了宰相。萧衍到达新林（今江苏南京市西南）时，百官都偷偷去跟他套交情，只有王亮没这么做。东昏侯死了以后，王亮去见萧衍。萧衍说："人倒了不扶，要你做宰相干什么呢？"王亮说："如果东昏侯可以扶持的话，哪有您今天的事？"

建康城中逃出的人，有的被士兵抢劫一空。萧衍的部下杨公则亲自率领部下在东掖门护送公卿士民。萧衍派张弘策先去皇宫，封闭府库和图籍。当时城内珍宝很多，张弘策严格约束士兵，秋毫无犯。

游说马仙琕

早前，萧衍东下攻打东昏侯时，豫州刺史马仙琕（bǐng）并不支持萧衍。

萧衍派马仙琕的老朋友姚仲宾去游说他。马仙琕先给姚仲宾摆酒，然后在营门口处死姚仲宾以示众。

萧衍又派马仙琕的族叔马怀远去游说。马仙琕说："大义灭亲。"又要斩掉马怀远，军中苦苦请求，马仙琕才作罢。

萧衍到了新林，马仙琕还在查抄萧衍的运粮船。

萧衍包围宫城后，各州郡都派使者向萧衍投降，只有吴兴（今浙江杭州余杭区、临安市等地）太守袁昂没有这样做。萧衍派人给袁昂写信劝他投降，但是袁昂回信表示不投降。

萧衍平定建康后，派豫州刺史李元履去招抚袁昂，临走前他跟李元履说："袁昂出自清正之家，世代忠节，天下应该宽容他，你不要用兵威欺凌侮辱他。"

李元履到了吴兴后，宣布萧衍的旨意。袁昂并没有投降，只是打开门撤去守备而已。

马仙琕听说建康失守，大哭着对手下将士说："我受人任命委托，义不容降。而你们都有父母，我当忠臣，你们当孝子，岂不好！"于是他把城里的兵都派出去投降，只剩下几十名壮士，闭门独守。

收服马仙琕和袁昂

不一会儿，萧衍的兵攻进来，把他团团围住，围了数十圈。马仙琕命令士兵都拉满弓，萧衍的士兵不敢接近。

到傍晚，马仙琕才扔下弓说："你们来杀我吧，我守义决不投降！"于是萧衍的士兵把他关到囚车里送到萧衍那儿，萧衍下令释放了他，等袁昂来了以后，让他们一起觐见。

萧衍说："让天下人见识一下这两位义士。"萧衍对马仙琕说："射钩、斩袪，是古人所赞美的事。你不要因为杀了我的使者、切断我的船运，就心有顾忌。"马仙琕向他谢罪，说："小人好像失去主人的狗，新主人饲养它，就为新主人所用了。"萧衍笑起来，厚待马仙琕和袁昂。

想一想

萧衍攻下建康后，为什么没有除掉马仙琕和袁昂？

萧衍称帝

萧衍平定建康之后，成为像曹操一样的权臣，也有了曹操一样的野心，他在沈约和范云的鼓动下，取代南齐称帝。沈约跟他说："魏武帝曹操有言'不可以慕虚名而受实祸'。"梁武帝萧衍就派人杀死了十四岁的齐和帝萧宝融。

平定建康后，公元502年，大司马萧衍擢升为都督中外诸军事（官名），总管全国军事，可以佩着剑、穿着鞋上殿，朝拜时司仪不叫他的名字，只称呼官职，总之就是享受很高的礼遇。

萧衍有取代齐王当皇帝的意思，沈约跟他说这件事，他却又不回应。过了几天，沈约又说："现在跟以前不同，不要期待大家都很淳朴。士大夫都想攀龙附凤，希望能建功立业。如今儿童都知道齐国的气数已尽，您应当承担这个使命。天文图谶也有很多迹象，天意不可违背，人情不可丧失。如果是气数所在，就算您想谦让，也是不可能的。"

萧衍说："我正在考虑。"沈约说："您当初在樊城（今湖北襄樊市）、沔（miǎn）水（今长江支流汉江及其北源陕西留坝县西沮水）起兵时，就应该思考。如今功业已成，还思考什么呢？如果不早定大业，万一有人有异议，那就有损您的威名。而且人不是金玉，世事难料，您怎么可以把建安郡公的爵位留给子孙呢？如果天子返回都城，公卿都就位，那君臣的名分就定了，不再有异心。君圣明于上，臣尽忠于下，哪还有人会跟您一同去做反贼呢？"

沈约、范云加快萧衍称帝的进程

萧衍觉得他说得很对。沈约出去后，萧衍召见范云。范云的看法跟沈约相同。萧衍说："智者的看法不谋而合。你明天早上跟沈约再来！"范云出去后，跟沈约说了，沈约说："你一定要等我！"范云答应了，结果第二天沈约先进去找萧衍。萧衍让他准备皇帝禅位的诏书，沈约拿出怀里早已拟定的诏书和官员安排文件，萧衍看过之后，一点儿也没改动。

过了一会儿范云来了，到殿门外时却进不去，只好在寿光阁外等沈约，连声说："真是怪事！"沈约出来后，范云问："我当什么官？"沈约举手向左（指尚书左仆射），范云笑着说："果然没有出乎我的预料。"

过了一会儿，萧衍召见范云，赞叹沈约才智纵横，而且说："我起兵到现在三年了，功臣诸将确实有功劳，但是成就我的帝业的，是你们二人！"

公元502年正月，齐和帝下诏，将皇位禅让给萧衍。萧衍就是梁武帝，他建立了南朝梁国。

齐和帝就是萧宝融，他是齐高宗萧鸾的儿子、东昏侯萧宝卷的弟弟。萧衍让他当巴陵王，住在姑孰（今安徽当涂县），优待他。

四月，萧衍打算将南海郡（今广东珠三角一带）设为巴陵国，让巴陵王搬去那儿。

沈约说："古今不同，魏武帝曹操说：'不可以慕虚名而受实祸。'"萧衍点头赞成，就派亲信郑伯禽去姑孰，献了一块金子给巴陵王，逼他吞金自杀。巴陵王说："让我死不需要金子，有美酒就够了。"于是等巴陵王喝醉后，郑伯禽就杀死了他。巴陵王萧宝融死时十五岁。

延伸故事

萧衍娶了已故东昏侯的余妃，整日沉湎于温柔乡，很耽误政事。范云劝谏他，但是萧衍不听。范云就跟侍中、领军将军王茂一起去见萧衍。范云说："从前刘邦入关中，不宠幸妇女，所以范增很害怕他的远大志向。如今您刚刚平定建康，海内正在观望，您为什么要学败亡的行径，被女色所累呢？"王茂也起身拜道："范云说得对。您如果以天下为重，不宜留下余妃。"萧衍沉默不语。范云就请萧衍把余妃赐给王茂，萧衍觉得范云说得对，就同意了。第二天，萧衍又赐给范云、王茂各一百万钱。

想一想

为什么沈约一劝说，萧衍就同意取代齐王自己做皇帝呢？沈约是如何给萧衍分析形势的？

博学而仁慈的萧衍

萧衍博学多才，通晓音律，精通儒学，为政宽厚，知人善任；既有文治，也有武功。而且他生活俭朴，简直百分之百符合中国古代对明君的所有要求。

萧衍当上皇帝之后十分俭朴，穿的衣服是多次洗过的，吃的饭经常只有蔬菜。每次选拔官员，都选廉洁公正的，而且他都要召见，教他们为政之道。他下令："小县的县令有能力，升迁到大县；大县的县令有能力，升迁到二千石郡守。"他还下令："在官府里放置两个盒子，如果官员不肯进言，百姓对朝廷有议论，可以把信投到谤木盒；如果有功劳、才能、冤情的，可以把申诉信投到肺石盒。"

东昏侯的宠臣孙文明等人，虽然萧衍已经赦免了他们，但是他们还不甘心，带着几百人趁着运送荻草火炬，带着兵器进宫作乱，杀死了张弘策。吕僧珍在殿内值班，带着卫兵抵抗，却不能打退他们。萧衍穿上战服到前殿来，说："贼人晚上来，是因为他们人少，等天亮就逃了。"萧衍命令敲五鼓（指敲代表五更时辰的鼓），领军将军王茂和骁骑将军张惠绍听见鼓声就带兵来救援，孙文明等人便四散逃跑了，但不久就全部被抓获处死了。

博学多才

萧衍非常擅长音乐，亲自厘定了音律乐器，取名为"通"。萧衍还很喜欢儒学，认为东晋、宋、齐虽然开设了儒学，但不到十年就都荒废了，只留下来一些笔墨纸砚，没有实际讲授儒学。

> “五经”，为五种儒学经典，即《诗》《书》《礼》《易》《春秋》。

公元505年正月，他下诏设置**“五经”**博士（**官名，专掌儒家经学教授**），广开学校，招生学习儒学，每月给学生发粮食。如果他们学得好就提拔他们当官。各州、郡也都设立学校教授儒学。萧衍还亲自去讲学，并要求太子和王侯之子都去学校学习。

公元510年正月，萧衍任命沈约为左光禄大夫。沈约有很深的文学造诣，是著名的文学家，但是他贪图荣华富贵，主政十余年，没什么政绩。他自以为久居要职，希望能更进一步，别人也都认为合适，但是萧衍不同意。沈约请求去外地任职，萧衍也不同意。

公元513年，萧衍跟沈约各自写关于栗子的典故，沈约比萧衍少写了三条。沈约出去之后，跟人说：“此公要面子，我如果不比他写得少的话，他要羞死了！”萧衍听说后很愤怒，要治他的罪，徐勉一再劝谏才作罢。

延伸故事

萧衍对之前处分官员张稷一事，感到有所愧疚，有一次跟沈约说起，沈约说：“左仆射被贬官去边境州郡，已经是过去的事了，何必再说呢？”萧衍觉得是沈约袒护他的儿女亲家张稷，大怒，质问他：“你这么说，还是忠臣吗？”说完，就乘着辇车回内殿了。

沈约害怕了，都没发觉萧衍已经走了，自己还坐在那儿。他回家后，还没走到床前就一脚踏空，摔倒在地，由此就生病了。他梦见齐和帝拿着剑割了他的舌头，就找道士烧了张符给上天，说：“禅代的事，不是我出的主意。”

萧衍派主书黄穆之去探望沈约，黄穆之傍晚回去后，没有马上向萧衍报告沈约请道士的事。后来，他怕萧衍问罪，就汇报了沈约请道士的事。萧衍大怒，派人几次去谴责沈约。沈约更加害怕，不久就去世了。

宽待官员，严管百姓

萧衍对亲戚很好，也优待官员，对待犯了罪的官员，他都不按法律处置，而是选择原谅他们。

百姓有罪，他就严格按法律审判他们，经常一人犯法，全家老幼都逃不掉。曾经有一位老人拦住他的车，说：“陛下执法，对百姓太严，对权贵太松，这不是长久之道。如果能反过来，那就是天下的大幸。”萧衍听后便考虑要执法宽厚一些。

想一想

皇帝执法，对百姓太严、对权贵太松，为什么说这不是长久之道？皇帝对百姓松而对权贵严，为什么说这就是天下大幸？

萧衍姑息皇族

萧衍在他哥哥萧懿被萧宝卷逼死时，并没有表现得特别悲痛，没看出他的兄弟深情。但是他当了皇帝以后，对众多兄弟子侄特别优厚，甚至到了徇私枉法的地步。这种前后差异，也许跟他地位的变化有关吧。

姑息萧宏

临川王萧宏是萧衍的兄弟，他的小妾的弟弟吴法寿杀人后藏在他的府里。萧衍命令萧宏交出吴法寿，并当天就处死了吴法寿。负责监察之事的南司（御史台别称）奏请免去萧宏的官职，萧衍说："我偏爱萧宏是因为兄弟私情，罢免萧宏是因为王者要遵守法律。批准你的上奏。"萧宏的司徒、骠骑大将军、扬州刺史等官职就都被免了。

萧宏自从一次打仗战败之后，常常心里惭愧、愤怒。都城里每次有盗贼被抓，都被人说是萧宏指使的。所以萧宏经常被其他官员弹劾，但是萧衍每次都会赦免萧宏。

有一次，萧衍去光宅寺（故址在今江苏南京），有强盗埋伏在骠骑桥，等萧衍晚上出来准备刺杀他。萧衍快要到骠骑桥的时候，突然心有所动，就从朱雀桥走了。事发后，强盗说是萧宏指使的，萧衍就哭着对萧宏说："我才能胜你百倍，当皇帝还怕不能胜任，你想做什么呢？我不是不能像汉文帝那样，流放他的弟弟淮南王刘长，而是顾念你太愚蠢！"萧宏磕头说绝对没有这事，所以萧衍就因为萧宏藏匿吴法寿的原因免了他的官。

萧宏非常奢侈、贪婪，他有将近一百间仓库，设在他的内堂后面，看守很严密。有人怀疑里面存放的是盔甲和武器，就偷偷向萧衍报告。萧衍对兄弟很好，知道这个情况后很不高兴。

有一天，萧衍送了丰盛的饭菜给萧宏和他的爱妾江氏，说："我要来跟你高高兴兴喝一场酒。"于是他带着老朋友射声校尉丘佗卿前去，跟萧宏和江氏喝酒。半醉后，萧衍说："我现在想去看看你的后房。"说完就往后堂去了。

萧宏害怕萧衍看见他的宝贝，脸色很惊惧。萧衍更加怀疑了，就每个屋都检查一遍，发现每个屋里都装了很多钱，有三十多间。萧衍屈指一算，有三亿多万钱。其他的屋子里都是布绢丝绸等杂货，装满了屋子，不知道有多少。

萧衍知道里面存的不是武器后很高兴，说："老六，你生计不错！"于是他们回去继续喝酒，直到半夜，萧衍点着蜡烛回宫。自此以后，兄弟关系更融洽了。没过几天，萧衍就让萧宏官复原职了。

萧宏在都城里有几十处府邸。因为他借钱给别人，让借钱者以田宅府邸做抵押。到期如果不还钱的话，他就把借钱者赶走，把他们的府邸夺过来。都城的百姓因借钱而失掉家业的不在少数。萧衍后来知道了，就禁止以此种方式夺取别人的家业。

姑息投靠他国的萧正德

皇太子萧统还没出生的时候，萧衍收萧宏的儿子萧正德为养子。萧衍当了皇帝后，萧正德梦想着当上太子。到萧统出生以后，萧正德被送回萧宏那儿，萧衍赐给他西丰侯的爵位。

萧正德很不满意，常常有异心。公元523年，他逃亡到北魏，自称是被废黜的太子，为了避祸来到北魏。北魏的尚书左仆射萧宝寅跟北魏皇帝说："哪里有伯父当天子，父亲是扬州刺史，却抛弃他的近亲，远投他国的？不如杀掉他。"所以北魏人待他很一般，萧正德就杀掉一个小孩，谎称是自己的儿子，说要在远方给他造墓地。北魏人没有怀疑，第二年他就趁机从北魏又逃回南梁。萧衍哭着教育了他，又恢复了他的封爵。

姑息有异心的萧综

萧衍娶了东昏侯宠姬吴淑媛，仅七个月就生了豫章王萧综，所以宫中都怀疑他不是萧衍的儿子，而是东昏侯的儿子。后来吴淑媛不受宠了，心生怨恨，就偷偷跟萧综说："你是我嫁给皇上七个月后生的儿子，怎么比得上其他皇子呢？但你是太子的弟弟，你要保全富贵，不要泄露这件事！"说完吴淑媛跟萧综相拥而泣。

萧综从此后就开始自我猜疑，白天他还是谈笑如常，到了晚上他就在密室里披头散发，坐在席子上，私下祭祀齐国的七代祖先。他又偷偷化装去拜祭齐明帝陵（即萧鸾陵）。他听说把自己的血滴在尸骨上，如果能渗进去就说明是父子。他就偷偷挖开了东昏侯的墓，把自己的血滴在东昏侯的尸骨上，果然他的血渗了进去。所以他就常常怀着异心，专门等待时局变化。

萧综很有力气，能用手拉住奔马。他不爱钱财，喜好接纳士人；自己只留随身的旧衣服，其余的都分给别人，即便如此，也经常不够分。他几次上奏章要求去镇守边境，萧衍都没同意。他常常在内宅的地上铺满沙子，整天光着脚跑，脚上都长了茧，一天能跑三百里。大家都知道他有异心，但是萧衍很严厉，所以大家都不敢说。

萧综又派人去联络北魏的萧宝寅，称呼他为叔父。萧综任南兖州刺史不见客人，处理官司就隔着帘子听，出去就用帷幕把车挡住，因为不希望别人知道他的长相。

后来，萧综趁在彭城跟北魏交战的机会，投降了北魏。萧衍知道以后大为震惊。大臣上奏要剥夺萧综的爵位和封地，在皇族中除名，把他儿子萧直改姓悖。可是不到十天，萧衍又下诏恢复了萧综的皇族身份，封萧直为永新侯。

姑息的后果

西丰侯萧正德从北魏回来后，还是不知悔改，招揽了很多亡命之徒，晚上在路上抢劫、杀人。他跟随萧综北伐，结果丢下军队逃回来了。萧衍看他罪行累累，就免了他的官，削了他的爵，把他流放到临海（今浙江临海一带）。可是萧正德还没走到临海，萧衍又派人追上去赦免了他。

萧综到了北魏洛阳，见到魏国皇帝之后，回到自己的住处，为东昏侯举行丧礼，服丧三年。北魏太后率领百官前去吊唁，给萧综很重的赏赐，任命他为司空、高平郡公、丹阳王，并让他改名萧赞。

公元530年八月，萧赞被北魏百姓赶走，他化装成和尚，逃入长白山，后来死在阳平。南梁人把他的灵柩偷运回梁国，萧衍还是按安葬儿子的礼仪把他葬在了皇陵。

想一想

萧衍为什么这么放纵他的亲族？你觉得放纵的后果会是什么？

昭明太子

皇太子萧统非常聪明孝顺，而且很有政治才能，深得民众爱戴，可惜他英年早逝。如果他活得长一些，继承皇位，南梁的历史可能会不一样吧。

公元502年十一月，萧衍立儿子萧统为太子。公元506年，太子萧统五岁，能遍诵“五经”。公元526年十一月，太子萧统的母亲丁贵嫔去世，萧统悲伤得水都喝不下去。萧衍派人对他说：“悲伤不能过度，何况我还在啊！”于是萧统喝了几碗粥。萧统一向肥胖，腰带有十围（约1米多，形容粗大），这时减了超过一半。

公元531年四月，太子萧统去世，谥号“昭明”。

有才干的昭明太子

萧统自成年以后，萧衍就让他处理朝政。萧统能辨析错误，但是只要求别人改正，并不处分他们。他断案时也尽量宽容，喜怒都不形于色。

萧统喜好读书作文，接待才俊，不爱好声色；每遇到大雨和积雪，他就派人去大街小巷赈济穷人。他天性孝谨，在东宫时，就算是闲坐，都要面向西边。如果晚上被通知第二天要进宫，他就正襟危坐到第二天早上。他生病以后，怕萧衍担忧，只要萧衍派人送来问候的敕文，他都自己手写答复。萧统去世后，朝野一片惋惜、惊愕之声，都城建康的男女都跑到宫门口，号哭不已。

昭明太子之死

当初，萧统安葬他的母亲丁贵嫔的时候，派人找了块风水宝地。有人贿赂宦官俞三副，想把自己的土地卖给太子，说如果能卖三百万钱的话，就给俞三副一百万钱。于是俞三副偷偷跟萧衍说：“太子找的墓地，不如现在这块墓地对您更吉利。”萧衍年纪大了，忌讳很多，就命人把这块地买下来。安葬完，有道士说：“这块地对长子不利。如果采取点儿措施，或许可以改变。”于是萧统让道士在墓地侧边长子的位置埋了蜡制的鹅等物品。宫监鲍邈之、魏雅最初都很受萧统宠幸，后来鲍邈之跟魏雅疏远了，他就偷偷跟萧衍说：“魏雅为太子诅咒陛下。”萧衍派人去挖开墓地，果然发现了蜡鹅，大为震惊，要追查这件事。幸亏徐勉极力劝谏才作罢，只是把道士处死了。从此以后萧统终身惭愧愤恨，不能辩明自己。

萧统去世以后，萧衍征召萧统的长子，即南徐州（**今安徽凤阳以东、江苏淮河以南、长江以北地区**）刺史华容公萧欢到建康，打算立他为皇太孙，但是因为记恨蜡鹅这件事，犹豫了很久，最终还是没有立萧欢，又让他回南徐州了。

几天以后，萧衍立三子晋安王萧纲为皇太子。但是朝野上下很多人觉得不合适，认为应该立萧欢才是。萧衍为了平息人言，就把萧统的三个儿子都封了王。

想一想

为什么萧统和萧衍会为了蜡鹅心生嫌隙？萧衍对兄弟子侄都很宽厚，为什么对自己的长子萧统却不宽容呢？

萧衍老去

萧衍年轻的时候，推崇儒学，积极入世。年老以后，精研佛法，消极避世。这样的心路历程，倒是跟普通人差不多。只不过，他身为皇帝，肩负着南梁的社稷重任，必须励精图治，哪里容得他佛系呢？

萧衍年老之后，特别尊崇佛教。他建了同泰寺（故址在今江苏南京鸡鸣寺及遮西北极阁一带），早晚都去寺里。公元527年三月，他设斋会仪式，“舍身”（佛教徒以苦行表明对佛的虔诚）到同泰寺当和尚。三天以后，大臣们拿一大笔钱把他赎了回来。

公元529年九月，萧衍又去同泰寺举行佛教仪式。他脱掉皇帝的衣服，穿上和尚的衣服，给大家讲《涅槃经》。大臣又拿出钱赎回他，叫作奉赎皇帝菩萨，请了三次他才回宫。萧衍前后“舍身”四次，总共给寺庙四万万赎身钱。十月，萧衍又搞了一次仪式，参加的和尚、世俗百姓有五万多人。

勤政俭朴又毫无原则

萧衍为人孝慈恭俭，博学能文，阴阳、卜筮、骑射、声律、草隶、围棋，无不精妙。他勤于政务，冬天四更就起床理政，执笔阅奏章，手都冻皴裂了。

萧衍信佛教后，就吃长斋，断了鱼肉；每天只吃一餐，不过是菜羹粗饭而已。如果遇到事情多，中午就漱漱口。他穿布衣，用木棉的黑色帐子，帽子一戴就是三年，被子一盖就是两年。后宫贵妃以下，裙子都不拖地。他也不喝酒，若不是宗庙祭祀、大宴席和法事，也不奏乐。虽然他住的房子很暗，但是也要穿戴得整整齐齐。就算是盛夏，也不会袒胸露背。他对待内侍小官，像对待贵客一样。但是他太优待官员，导致郡县官员鱼肉百姓，他的使者也经常干扰郡县。

萧衍好亲任小人，又很苛刻。他造了很多佛塔和寺庙，浪费了很多钱。江南一带安定的时间久了，风俗就很奢靡。大臣贺琛上奏章提意见，萧衍讨厌他说了实情，大怒之下狠狠地把贺琛训斥了一顿。贺琛只好谢罪，不敢再说了。

萧衍年老，厌烦了处理政务。他又专心于佛门戒律，每次判了重罪，就整天不高兴。王侯子弟多数都骄淫不法，他却放任不管。就算是谋反这样的大罪，他也会哭着原谅。所以王侯更加骄横，白天在都城大街上杀人，晚上公然抢劫。有罪的亡命之徒，藏在王侯家里，官府也不敢搜捕。萧衍虽然知道这些坏处，但是因为过于慈爱，不加以禁止。

延伸故事

公元534年，北魏孝武帝受高欢胁迫，逃往关中。高欢另立元善见为帝，迁都邺，史称东魏。公元550年为高欢的儿子高洋所代，高洋建立北齐。自从南梁和东魏讲和之后，东魏给南梁的国书上总是写：“想彼境内宁静，此率土安和。”萧衍的答复只把“彼”去掉，显得更礼貌。公元544年，东魏任命魏收修编国史，他把国书改成“想境内清晏，今万里安和”，萧衍也跟着这么写。

想一想

萧衍为什么会尊崇佛教？作为皇帝，他放任不管那些违法乱纪的王侯子弟，而且总是哭着原谅他们，你觉得这样会带来什么后果？

萧衍收留侯景

萧衍虽然一心向佛，但遇到侯景背叛西魏给他送上土地，他还是不免心动，中了贪毒，执意收留反复无常的侯景，埋下败亡的祸根。可见，萧衍并没有学透佛法。

北魏孝武帝逃到关中的第二年，被大臣宇文泰杀害。宇文泰立元宝炬为帝，定都长安，史称西魏。公元557年初，西魏被宇文泰的儿子宇文觉所代，宇文觉建立了北周。

公元547年二月，侯景派人出使南梁，跟萧衍说要归顺南梁。侯景本来是东魏献武王高欢的手下将领，跟高欢的儿子高澄有矛盾。高欢死后，侯景就投奔了西魏，西魏封了他很高的官职。此次为了归附南梁，侯景向萧衍献出了自己割据的大片土地。

北魏本来是一个国家，是北方拓跋氏建立的多民族国家，与萧衍的梁国南北对峙。但是后来北魏分裂成东魏和西魏，虽然两国名义上的皇帝仍然属于拓跋氏（**北魏孝文帝迁都洛阳后，把拓跋改为汉姓“元”，所以北魏孝文帝拓跋宏也叫元宏**），但是实际的权力分别掌握在权臣高欢和宇文泰手里。后来，高欢的儿子和宇文泰的儿子都篡位，分别建立了北齐和北周。

要不要接受侯景投奔

萧衍召集群臣商议，尚书仆射谢举等人说：“我们跟（西）魏多年讲和，边境无事。现在要接收（西）魏的叛臣，我觉得不合适。”萧衍说：“虽然是这样，但是得了侯景后，塞北就可以平定。机会难得，怎么可以胶柱鼓瑟，不知变通呢？！”

之前正月十七那天，萧衍梦见中原地区的州郡都向他投降，举朝庆贺。第二天早上，他跟朱异提起这个梦，说：“我很少做梦，如果做梦，一定会实现。”朱异说：“这是一统天下的预兆。”待侯景的使者到来，说侯景的想法是正月十七那天定的，萧衍就更加觉得神奇，但是还有点儿犹豫，偶尔自言自语道：“我的国家像金盆一样完整，现在突然接收侯景的土地，这合适吗？如果出现问题，后悔还来得及吗？”

朱异知道萧衍的想法，跟他说：“您统治天下，南北都归心。正因为没有合适的机会，所以北边的人没有实现他们归附的心愿。如今，侯景带着（西）魏的一半土地来投奔您，不是天意加人力的话，怎么会这样呢？如果拒绝他，恐怕会断了后来人的希望。这是很明显的，请陛下不要怀疑。”

萧衍于是决定接纳侯景，任命他为大将军，封为河南王，都督河南北诸军事。有一个善于占卜的人叫周弘正，他曾预言说：“国家数年后会打仗。”后来他听说了接纳侯景的事，就说：“祸乱的源头就在这儿。”

侯景准备造反

公元548年二月，萧衍打算跟东魏高澄讲和，侯景反对，他怕讲和之后会被高澄杀掉。但萧衍还是跟高澄讲和修好了。

侯景伪造了一封东魏给萧衍的书信，请求用东魏俘虏的南梁贞阳侯萧渊明跟侯景交换。萧衍收到信后，打算接受这个条件。大臣傅岐说：“侯景走投无路来投奔我们，背弃他不吉利。而且他身经百战，怎么会束手就擒？”谢举、朱异说：“侯景不过是败军之将，派个使者就可以把他抓回来。”萧衍觉得有道理，就答复说：“贞阳侯早上到，侯景傍晚就交过去。”

侯景知道后，对左右说：“我就知道梁老头儿薄情寡义！”他的手下王伟劝侯景，说：“如今坐着也是死，起兵造反也是死，请大王好好考虑！”于是侯景就准备造反。

侯景知道萧正德一向贪暴不法，多次获罪，萧正德便心怀愤恨，偷偷蓄养死党，储存粮食和货物，等待国家发生变故。侯景的手下徐思玉跟萧正德是朋友，于是侯景派徐思玉给萧正德写信。

信里说：“如今天子年纪大了，奸臣祸乱国家。在我侯景看来，天下很快就会发生祸乱。大王本来是太子，后来被废黜，但是天下人都归心于大王。侯景虽然不聪明，却想效劳大王。希望大王顺应苍生，明白我的诚心！”

萧正德大喜，说：“侯公的心意，跟我相同，这是上天赐予我的！”于是他给侯景回复：“朝廷的事，确实像您所说的。我有这个想法已经很久了。如今我在内，您在外，还有什么不能成功的呢？时机要快，就是现在。”

朝臣有反映侯景要造反的，朱异都不当一回事儿，说绝无此理。萧衍也认为侯景不会造反，还大加安慰，赏赐给他更多东西。

想一想

萧衍为什么要收留侯景？他不知道侯景这个人反复无常吗？

侯景造反

反复无常的侯景果然起兵造反了，他很快就攻占了建康，囚禁了萧衍。他见萧衍时，却汗流满面，倒像他吃了败仗而萧衍打了胜仗似的。萧衍虽然成为阶下囚，也不失帝王气度。传奇落幕，令人唏嘘。

公元548年七月，以诛杀朱异等四人为名，侯景在寿阳起兵造反。之所以以此为借口，是因为朱异等奸佞骄贪、蔽主弄权，人们都很恨他们，这正是一个很好的借口。

十一月，萧正德自立为帝，任命侯景为丞相，并把女儿嫁给侯景，还把自家的财宝货物拿出来充当军费。

侯景攻破皇城

公元549年三月，侯景攻破皇城，萧衍问永安侯萧确："还可以一战吗？"萧确说："不能了。"萧衍叹道："自我得之，自我失之，亦复何恨！"对萧确说："你赶紧走，跟你父亲说，不要挂念我和太子。"

过了一会儿，侯景派王伟去皇宫拜见萧衍。萧衍命令左右卷起门帘，打开门户引王伟进来。王伟下拜呈上侯景的信，信上说："我（指侯景）被奸臣所蒙蔽，带兵入朝，惊动了皇上，现在进宫领罪。"

萧衍问："侯景在哪里？可以召他进来。"侯景就来见萧衍，带了五百士兵自卫。侯景在殿下磕头之后，司礼官带他坐到三公的榻上。萧衍神色不变，问道："你在军中很久，很辛苦！"侯景不敢仰视，汗流满面。萧衍又问："你是哪州人，敢到这里来，你的妻子儿女还在北边吗？"侯景都不能回答。他的手下从旁边代答："臣侯景的妻子和儿女都被高氏屠杀，只有我一人归顺陛下。"萧衍又问："当初渡江的时候有几人？"侯景说："一千人。"萧衍又问："包围皇城的时候有几人？"侯景说："十万人。"萧衍再问："现在有几人？"侯景说："率土之内，没有不是我的人了。"萧衍低下头不再说话。

侯景退下后，对手下说："我常年上马作战，刀剑交加，却气定神闲，完全不觉得恐怖。今天见萧公，自己就害怕了，难道不是天威难犯吗？我以后不能再见他。"

最初，萧正德跟侯景约定，平定皇城之日，不得留下萧衍和太子。到城门大开的时候，萧正德率众挥刀要进去，侯景先让人守住城门，所以萧正德没能进去。侯景让萧正德当侍中、大司马。萧正德去见萧衍，边拜边哭。萧衍说："啜其泣矣，何嗟及矣！"这句诗出自《诗经》，意思是哭也没用了，后悔莫及。

侯景软禁萧衍

侯景将萧衍软禁起来，萧衍心里很愤怒。侯景想任命宋子仙为司空，萧衍不同意；侯景又请求任命他手下两人为便殿主帅，萧衍又不同意。侯景不能强迫萧衍，心里很忌惮他。太子哭着去劝谏萧衍，萧衍说："谁叫你来的！如果社稷有灵，就还会光复；如果不能光复，又有什么好流泪的呢？"

侯景派他的士兵去值班，有的赶着驴马，有的带着弓刀，出入宫廷。萧衍很奇怪，就问是怎么回事，有人回答说："是侯丞相的士兵。"萧衍大怒，叱责道：“是侯景，哪里是什么丞相？”左右都很害怕。自那以后萧衍的要求大都不能满足，饮食也有所削减，萧衍忧愤成疾。

五月，萧衍躺在殿内，感觉口苦，索要蜂蜜，没人给他。他叫了两声“嗬！嗬！”，就驾崩了，终年八十六岁。

梁武帝萧衍这一生可以说相当传奇，他年少成名，文武全才，三十八岁建立南梁，在位将近五十年。他孝慈恭俭、博学能文、勤于政务、笃信佛法，最后却因侯景攻入皇城，被活活困死，真是令人扼腕叹息。正如他自己所说的：“自我得之，自我失之，亦复何恨！”

想一想

纵观萧衍一生，你怎么评价他这句“自我得之，自我失之，亦复何恨”呢？

从南齐到南梁

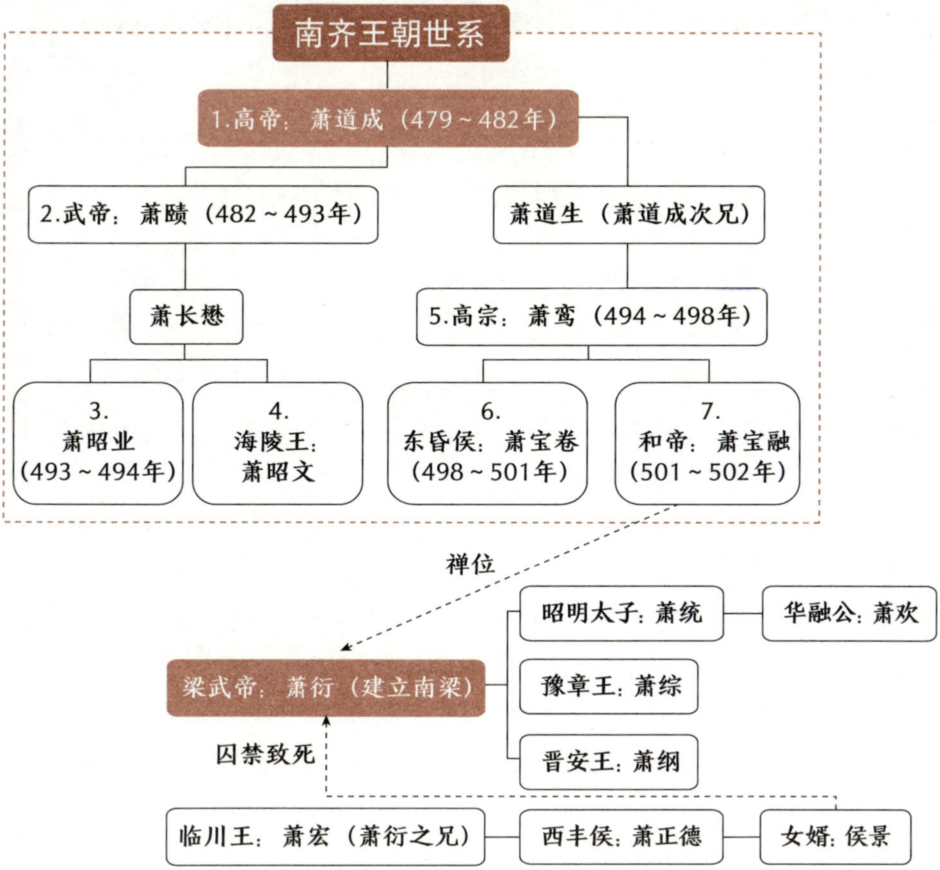
南齐王朝世系
1.高帝：萧道成（479~482年）
2.武帝：萧赜（482~493年）
萧道生（萧道成次兄）
萧长懋
5.高宗：萧鸾（494~498年）
3.萧昭业（493~494年）
4.海陵王：萧昭文
6.东昏侯：萧宝卷（498~501年）
7.和帝：萧宝融（501~502年）
禅位
梁武帝：萧衍（建立南梁）
昭明太子：萧统
华融公：萧欢
豫章王：萧综
晋安王：萧纲
囚禁致死
临川王：萧宏（萧衍之兄）
西丰侯：萧正德
女婿：侯景

隋朝虽然在隋文帝杨坚手里统一了南北，可是很快就在隋炀帝杨广手里灭亡了，跟秦王朝一样短命。唐高祖李渊起兵反隋，建立了唐朝。唐朝是我国最为强盛的朝代，四夷咸服，万邦来朝，唐太宗李世民被尊称为“天可汗”。唐朝也是一个风气非常开放的朝代，诞生了我国古代唯一的女皇帝武则天。《资治通鉴》是司马光写给神宗皇帝讲为政之道的书，从公元前403年到公元959年，从战国到五代，一千三百六十二年里绝大部分时间都是男主角你方唱罢我登场，唯一的例外就是武则天。在封建父系血缘至上的时代，她的“日月当空”足以光耀史册。她的一生，从唐太宗的才人到唐高宗的皇后，到自己临朝称制，神都称帝，退位去世，经历极为传奇。

在这个故事里，武则天君临天下，继往开来，值得大书特书，但她在掌权的过程中颇有些摆不上台面儿的情节，严重影响她的光辉形象。所以，跟萧衍一样，武则天也是一个非常复杂的人，我们要辩证地看待她。

第12章

一代女皇武则天

用辩证思维看历史人物，不要非黑即白

唐高宗册立武昭仪

唐太宗是我国最著名的有道明君，开启了贞观之治。他立太子李治继承皇位，因为李治为人宽厚，适合守成。但是，他没想到李治会迎娶他的才人武氏。乖孩子李治，在这件事情上有点儿叛逆。

公元649年，唐太宗李世民驾崩，太子李治继位，就是唐高宗。他立王氏为皇后，但是王皇后没有生下儿子。萧淑妃很受唐高宗宠幸，因而王皇后就很嫉妒。

唐高宗在当太子的时候，曾经进宫服侍唐太宗，见到唐太宗的才人武氏，很喜欢她。

唐太宗驾崩以后，武氏随着后宫妃嫔到感业寺当尼姑。在唐太宗的忌日之时，唐高宗去感业寺上香，遇到武氏。武氏开始哭泣，唐高宗也哭了。

册立武昭仪

王皇后听说后，偷偷命令武氏蓄长发，还劝唐高宗纳武氏进宫，为的是分萧淑妃的宠。武氏很聪明，很有手段，刚入宫的时候，卑躬屈膝地侍奉过王皇后。王皇后很喜欢她，多次向唐高宗称赞武氏。

没过多久，唐高宗宠幸武氏，立她为昭仪。王皇后和萧淑妃都不再受宠，于是她们都说武氏的坏话，可是唐高宗不听，只相信武昭仪。

王皇后不会逢迎唐高宗的左右，她的母亲柳氏和舅舅中书令柳奭（shì），见到六宫妃嫔又不礼貌。而武昭仪热心笼络那些对王皇后不尊敬的人，把得到的赏赐都分给他们。所以王皇后和萧淑妃的动静，武昭仪必定知道，并都告诉唐高宗。

打算废掉王皇后

王皇后虽然不再受宠，但唐高宗并没有要废掉她的意思。后来武昭仪生了一个女儿，王皇后很怜爱这个小公主。

有一天，等王皇后离开后，武昭仪偷偷把女儿掐死，用被子盖上。唐高宗到了之后，武昭仪假装欢笑，揭开被子一看，女儿已经死了，她马上就惊慌啼哭。武昭仪问侍婢，侍婢都说："皇后刚刚来过。"唐高宗大怒，说："皇后杀了我的女儿！"于是武昭仪哭诉王皇后的罪过。

王皇后没法辩解，唐高宗开始有要废掉她的意思。但他担心大臣不同意，就与武昭仪去太尉长孙无忌的府里喝酒。喝得兴起，唐高宗在酒席上任命长孙无忌宠姬的三个儿子当朝散大夫，还赐给长孙无忌十车金银财宝。趁着酒劲儿，唐高宗跟长孙无忌说起王皇后没有儿子，长孙无忌却岔开话题，不顺唐高宗的意，唐高宗和武昭仪都很不高兴地走了。

武昭仪又让母亲杨氏去拜访长孙无忌，屡次请求，但是长孙无忌还是不答应。礼部尚书许敬宗多次劝解长孙无忌，长孙无忌很严厉地驳斥了他。

公元655年六月，武昭仪诬陷王皇后和她的母亲魏国夫人柳氏诅咒她，唐高宗就下令禁止柳氏入宫。七月，还下令把王皇后的舅舅、吏部尚书柳奭贬官到外地。

唐朝继承隋朝制度，后宫设有贵妃、淑妃、德妃、贤妃，都是一品。

唐高宗想特别设置宸妃这一位置，让武昭仪来当，但是遭到韩瑗、来济劝谏，说从前的制度里没有宸妃，于是唐高宗只好作罢。

想一想

武昭仪为什么掐死自己的女儿？这件事情是真的吗？别人是如何知道的？

武昭仪成为武皇后

武氏当了昭仪之后，还有更大的野心——当皇后。她使出种种手段拉拢朝中大臣，可是很多老臣强烈反对。大概这也反映了新生力量和老派力量的尖锐对立，孰是孰非还真不好说。唐高宗最终下定决心废掉王皇后，改立武皇后，也许他也想放弃老臣，起用新臣吧。

中书舍人李义府因为被长孙无忌所嫌恶，被贬到壁州（今四川通江一带）当司马。命令还没正式下达，李义府已经知道了，就问同为中书舍人的王德俭怎么办。王德俭说："皇上想立武昭仪为皇后，正在犹豫不决，因为他怕大臣有异议。如果你能够想办法让皇帝立武昭仪为皇后，那就转祸为福了。"

李义府觉得很有道理，于是代替王德俭值夜班，到皇宫上奏章，请求废黜王皇后，立武昭仪为皇后，顺应百姓的愿望。唐高宗很高兴，就召见他，跟他共同商议，并赐给他一斗珍珠，让他留任旧职。武昭仪又偷偷派人去慰劳他，不久就越级提拔他为中书侍郎。于是卫尉卿许敬宗、御史大夫崔义玄、中丞袁公瑜都成为武昭仪的心腹。

长安令裴行俭听说唐高宗要立武昭仪为皇后，认为国家之祸必定会由此开始。他跟长孙无忌、尚书右仆射褚遂良私下议论这件事。袁公瑜听说了，就去报告武昭仪的母亲杨氏，于是裴行俭就被贬官到外地了。

高宗想立武氏为皇后，遭到反对

有一天退朝后，唐高宗召集长孙无忌、李勣、于志宁、褚遂良几位大臣到内殿。褚遂良说："今天召见我们，多半是为册立皇后的事。皇上既然心意已决，我们如果忤逆他的话，肯定会被处死。长孙无忌是皇上的舅舅，李司空是功臣，我们不能让皇上背上杀舅舅和功臣的恶名。我出身低微，没有什么功劳，到今天这个位置，又受了先帝的重托。我如果不拼死相争，以后有什么面目去见先帝呢？！"

李勣借口生病没去。长孙无忌等到了内殿，唐高宗问他："王皇后没有儿子，武昭仪有儿子。我现在想立武昭仪为皇后，怎么样？"褚遂良说："王皇后是名门之后，先帝为陛下所娶。先帝驾崩前，握着陛下的手跟我说：'朕的好儿子、好儿媳，今天就托付给你了。'这是陛下亲耳听见的，言犹在耳。没听说王皇后有什么过错，怎么可以轻易废黜？我不敢曲意逢迎陛下，违背先帝的命令！"唐高宗很不高兴地让他们走了。

第二天，唐高宗又说起这件事。褚遂良说："陛下一定要另立皇后，就请您选择天下的名门望族之女，为何选武氏？武氏曾经侍奉先帝，众所周知。天下人的耳目，怎么遮得住呢？万代之后，天下人该怎么评说陛下呢？愿陛下三思！我今天忤逆陛下，罪当死！"

褚遂良于是把笏板放在大殿的台阶上，解下头巾，叩头流血，说："我把笏板还给陛下，乞求陛下放我退休回家。"唐高宗大怒，命令左右把他拉出去。武昭仪在帘子后面大叫："为什么不杀死这只狗！"长孙无忌说："褚遂良受先帝顾命，就算有罪也不可以加刑！"于志宁在一旁一直不敢说话。

韩瑗找机会上奏，痛哭着极力进谏，但是唐高宗仍不听。第二天，他又进谏，悲不自胜。唐高宗命人把他拉出去。

韩瑗又上奏章说："匹夫匹妇，还要选择，何况天子？皇后母仪万国，善恶都由此而来。所以嫫母辅佐黄帝，妲己倾覆纣王；《诗经》也说兴盛的周朝被褒姒灭亡了。我每次看古时的事，常常叹息，没想到今天又遇到这样的事。做事不按照法度规范，后人将怎么看我们呢？愿陛下深思，不要被后人耻笑！如果我的话能够对国家有益，就算被剁成肉酱，也是我的本分！从前吴王不采纳伍子胥的话，结果姑苏城成为一片废墟。我恐怕天下人失望，杂草在宫殿里横生，宗庙没人祭祀，这些都为期不远了！"

中书令来济也上奏章说："皇上册立皇后，要效法乾坤，必定选择出身名门望族、安静贤淑的人，符合天下人的期望，满足神灵的意愿。所以周文王造船迎接太姒，兴起《关雎》的教化，百姓都受到福祚；汉成帝放纵欲望，立奴婢为皇后，汉朝就灭亡了。周朝是这般兴盛的，汉朝是如此灭亡的，请陛下慎重考虑！"唐高宗都不听。

过了几天，李勣来见唐高宗。唐高宗问他："朕打算立武昭仪为皇后，褚遂良很固执，坚决不同意。他又是顾命大臣，所以这事就只能算了吗？"李勣说："这是陛下的家事，何必问外人呢？"唐高宗于是打定主意立武昭仪为皇后。许敬宗在朝中公开说："农夫多收了十斛麦子，还想要换个老婆。何况天子要改立皇后，哪里需要别人妄加议论呢？"武昭仪让左右把这话说给唐高宗听。很快，唐高宗把褚遂良贬到潭州（今湖南长沙、株洲、湘潭、益阳等地）当都督。

高宗下诏立后

公元655年十月，唐高宗下诏说："王皇后、萧淑妃阴谋下毒，把她们废为百姓。她们的母亲和兄弟，都革职流放岭南（指五岭以南地区，即广东、广西一带）。”

不久，百官上奏章请求立皇后，唐高宗就下诏说：“武氏出自名门望族，从前因为才行出众被选入后宫。朕从前当太子，经常去侍奉先帝。先帝赞赏我，就把武氏赐给我，可以立为皇后。”

想一想

你觉得唐高宗立皇后是国家大事，还是他自己的家事？

武皇后成为天后

武昭仪当上皇后以后，继续打击老臣，连唐高宗的亲舅舅长孙无忌也不放过，而唐高宗也丝毫不念“舅”情，贬了长孙无忌的官。武皇后甚至垂帘听政，成为实际的掌权者，唐高宗只是拱拱手而已。

为了庆祝武昭仪成为皇后，唐高宗大赦天下。武皇后上奏章说：“陛下以前想让我当宸妃，韩瑗、来济当面反对，能这样做是很难得的，他们是深情为国！请求陛下嘉奖他们。”唐高宗把奏章给韩瑗、来济看，他们却更加害怕了，多次请求退休，但是唐高宗不同意。

武后处死王皇后和淑妃

被废掉的王皇后和萧淑妃被囚禁在一个小院里，唐高宗常常想念她们。

有一次，他到她们那儿，看见她们的房间封得很严密，只留一个洞传递餐食。唐高宗很同情，就喊道：“皇后、淑妃在哪里？”王皇后哭着说：“我们有罪成为奴婢，哪里还有尊称？”又说：“皇上如果还念旧情，让我们能够再见日月，我请求将这个院叫作回心院。”唐高宗说：“我马上安排。”

武皇后听说了这件事，大怒。她派人把王皇后和萧淑妃各打了一百杖，砍去手脚，放到酒坛中，说：“让这两个女人骨头都醉掉！”几天后王皇后和萧淑妃都死了，武皇后又把她们斩了一遍。

王皇后听到处死她们的命令时，曾下拜道："愿皇上万岁！武昭仪当皇后，我死是应该的。"萧淑妃骂道："阿武阴险狡猾，竟到了这个程度！愿来生我当猫，她当老鼠，我要咬断她的喉咙。"

武后知道了，从此以后宫中就不养猫了。不久，武皇后把王氏姓改为蟒氏，萧氏改为枭氏。武皇后多次看到幻境，其景为王皇后和萧淑妃作怪，披头散发，血流如注，像死时的惨状一般。后来她搬到蓬莱宫，又见到这些，之后她就多住在洛阳，终身不回长安。

武后清除异己

李义府因为支持武昭仪当皇后，自此就飞黄腾达了。他容貌温恭，跟人说话时，必定亲切微笑，但实际上阴险刻薄，当时的人说他笑里藏刀。因为他看似温柔却又害人，所以叫他"李猫"。

公元656年正月，唐高宗废掉太子李忠，立武皇后的儿子李弘为太子。李弘当时才四岁。

公元659年，武皇后因为长孙无忌得了丰厚的赏赐却不帮她当皇后，很是怨恨。而许敬宗经常去劝说长孙无忌支持武皇后，长孙无忌每次都当面驳斥他，所以许敬宗也很怨恨长孙无忌。武昭仪当了皇后之后，长孙无忌很不安。

武皇后命令许敬宗找机会陷害长孙无忌。刚好洛阳人李奉节告发太子洗马韦季方、监察御史李巢结党营私一事，唐高宗派许敬宗审问。许敬宗审问很急、用刑很重，韦季方不堪忍受自杀，结果没死成。许敬宗就诬告韦季方想与长孙无忌构陷忠臣近戚，好让长孙无忌独掌大权，伺机谋反，因为事情败露，所以自杀。

唐高宗一开始很吃惊，并不相信，因为长孙无忌是他舅舅。但许敬宗说：“长孙无忌与先帝谋取天下，天下都很佩服他的智谋。他当宰相三十年，天下人都很惧怕他的权势。如果他要谋反，谁能挡得住？”唐高宗觉得有道理，就让许敬宗再审查一下。

第二天，许敬宗报告说：“因为长孙无忌支持太子李忠，现在李忠被废，长孙无忌很不安，所以就要谋反。”于是唐高宗相信了，哭道：“舅舅如果真的是这样，我绝不忍心杀他。如果杀他，天下将怎么说我呢？后世又将怎么说我呢？”许敬宗说：“薄昭是汉文帝的舅舅。汉文帝能当皇帝，薄昭是有功的。他只是犯了杀人罪，汉文帝就带着百官穿着孝服痛哭，然后处死了薄昭。至今，天下人都说汉文帝是明君。而长孙无忌却忘了两朝的大恩，居然要谋反，这个罪过跟薄昭不可同日而语。长孙无忌是王莽、司马懿之流，陛下一定要立刻决断！”

唐高宗完全被他说服了，也没有当面审问长孙无忌，就下诏削了长孙无忌的太尉官职和封地，贬到外地，而且褚遂良、柳奭、韩瑗、于志宁也都被贬官。

武后开始制约高宗

武皇后刚开始进宫时，能屈身忍辱、逢迎唐高宗，所以唐高宗力排众议立她为皇后。武皇后得志后就开始作威作福。唐高宗想做什么，经常受武皇后制约，唐高宗很愤怒。他秘密找大臣上官仪商量，上官仪说：“皇后专权，天下都不满意，请陛下废黜她。”唐高宗也觉得是这样，就命令上官仪拟诏书。

唐高宗的左右赶紧跑去报告武皇后，武皇后马上去找唐高宗辩解。诏书还在唐高宗手里，没有发出去，他就又不忍心了，跟武皇后重归于好。他怕武皇后怨恨自己，就骗她说：“我本来没有这个意思，是上官仪教我这么做的。”于是武皇后就派许敬宗诬告上官仪和废太子李忠谋反。公元664年十二月，上官仪被处死，李忠也被赐死。

从此以后，唐高宗每次上朝，武皇后就坐在后面的帘子里，事无巨细她都过问。天下大权都归武皇后，任免生杀也都由她决定，唐高宗只是拱拱手而已，天下称他们为“二圣”。

公元674年八月，唐高宗下令改称天皇，皇后改称天后。

想一想

许敬宗诬告长孙无忌，并想方设法说服了唐高宗，唐高宗都没审问就下诏削了长孙无忌的官职并将他贬到外地，你觉得唐高宗错在哪里？你怎么看“汉文帝处死舅舅薄昭”这件事？

唐高宗驾崩，天后成为皇太后

唐高宗把皇位传给他和武皇后的儿子李哲，然后就驾崩了。李哲继位后，实际掌权的仍然是武太后。武太后很快找了个借口把李哲废了，立她的另一个儿子李旦为皇帝，当然，实际掌权的还是武太后。

公元675年三月，唐高宗因为生病，打算让天后代理国政。

中书侍郎郝处俊说："天子理外政，天后理内宫，这是天道。从前魏文帝下令，即使皇帝年幼，也不许皇后理政，就是为了防止祸患。陛下为什么把高祖、太宗的天下，不传给子孙而要交给天后呢？"

另一位中书侍郎李义琰说："处俊的话是忠言，陛下应该听从。"于是唐高宗就没有让天后代理国政。

太子李弘仁孝谦恭，唐高宗很喜爱他。李弘对朝廷官员很有礼貌，大家都很服他。天后几次想要显示自己的政治志向，而太子都违背了她的旨意，因此天后不喜欢他。义阳、宣城两位公主，是萧淑妃的女儿，受萧淑妃牵连，被幽禁在后宫，过了三十岁还没出嫁。太子见到后很吃惊，也很同情，马上跟唐高宗报告，请求让她们出嫁。唐高宗同意了。天后大怒，当天就把两位公主嫁给了翊卫（侍卫的最低品）权毅、王遂古。

没多久，太子突然死在合璧宫，当时人们认为是天后毒死了他。很快，唐高宗立李贤为太子。

李贤是天后的姐姐韩国夫人所生。公元680年，天后以谋反为借口，让唐高宗把太子李贤废为百姓，另立李哲为太子。李哲是天后的儿子。

天后成为皇太后

公元683年十一月，唐高宗的病越来越严重，觉得头重脚轻、眼睛看不见，召御医秦鸣鹤诊断，御医说刺穿头颅出血就可以治愈。天后不想唐高宗的病好，她在帘后听到秦鸣鹤如此说，便生气地说："说这话的应该斩首，竟然要在天子头上放血！"秦鸣鹤叩头求饶。唐高宗说："尽管刺一下，说不定有效果。"于是秦鸣鹤就刺唐高宗的百会、脑户两处穴道。唐高宗说："我的眼睛好像能看见了。"天后把手放在额头上说："这是天赐的恩典！"她自己拿着一百匹彩缎赐给秦鸣鹤。

十二月，唐高宗大赦天下。他本想自己登上则天门楼（唐东都洛阳宫城门，在今河南洛阳）宣布赦令，但是气力不济不能乘马，于是召见百姓在宫殿前宣布。当天晚上，他召见裴炎，让裴炎受遗诏辅政，然后就驾崩了。遵遗诏，太子在唐高宗灵柩前继位，军国大事有不能决定的，听天后的意见。

于是太子李哲即位，就是唐中宗。他尊天后为皇太后，政事全都由她决定。

中宗被废，另立睿宗

公元684年正月，唐中宗立太子妃韦氏为皇后，还想委任皇后的父亲韦玄贞为侍中，裴炎坚决不同意。唐中宗很生气地说："我把天下给韦玄贞，又有什么不可以呢？还舍不得这个侍中？"裴炎很害怕，就把这事报告给太后，密谋要废掉唐中宗。

二月，太后在乾元殿召集百官。裴炎等人带着兵入宫，宣布太后的命令，废唐中宗为庐陵王，扶他下殿。唐中宗问：“我有什么罪？”太后说：“你要把天下给韦玄贞，还说没罪？”

于是，太后把唐中宗幽禁起来，又立李旦为皇帝，就是唐睿宗，他也是太后的儿子。政事都由太后决定，而唐睿宗住在别的宫殿里，不能干预政事。

一天，唐睿宗的十多个骑兵侍卫在酒馆喝酒。其中一个人说：“早知道没有什么赏赐，还不如侍奉庐陵王呢。”另一个人起身去北门告发他。

酒席还没散，他们就都被捕坐牢，说那话的人被处斩；其余人因为知道他谋反却不告发，都被绞死了；而告发的人被提拔当了五品官。这件事之后，告密的风气就开始盛行。

没多久，太后派金吾将军丘神勣逼死了废太子李贤。然后，太后归罪于丘神勣，为李贤致哀，贬了他的官，追封李贤为雍王。可是没多久，太后就又提拔丘神勣当左金吾将军。

武承嗣是太后的侄儿，太后让他当礼部尚书。他请太后追封武氏祖上为王，立武氏宗庙，太后同意了。

裴炎劝谏说：“太后母仪天下，应当显示公正，不可以讲亲戚私情。您没看到汉朝吕氏的失败吗？”太后说：“吕后把权力交给活着的人，所以失败了。我现在是追尊死者，有什么关系呢？”裴炎说：“事情应当防微杜渐，不可增长！”太后不听，裴炎由此获罪。

想一想

裴炎以汉朝吕氏为例反对太后尊武氏祖上为王，太后不以为然，认为自己此举与吕氏有区别，你怎么看待这件事？你认同裴炎的看法，还是太后的看法？

李敬业起兵反对武则天

武太后大力扶植武氏，压制李氏，李敬业、骆宾王等人因为被贬官，于是打着支持庐陵王李哲复位的旗号，起兵反对武太后。虽然李敬业是名将李勣之后，骆宾王是“初唐四杰”之一，可是他们很快就战败了，身首异处。

当时武氏掌权，唐朝宗室人人自危，都很愤怒。李勣的孙子李敬业和骆宾王等人被贬后在扬州集会。几人都因为被贬官而有怨气，于是合谋作乱，借口是匡复庐陵王。很快李敬业就拉起一支十余万人的队伍，向各州县散发了讨伐太后的檄文，文章写得非常犀利，把太后骂了个狗血淋头。太后见到檄文后，问道：“这是谁写的？”有人回答说：“骆宾王。”太后说：“这是宰相的过错。这人有如此的才华，却让他流落民间！”

李敬业找到一个长得像废太子李贤的人，骗大家说：“李贤没死，而是逃亡躲在这座城里，命令我们举兵。”于是大家都奉假李贤的号令。

李敬业起兵失败

李敬业的军师魏思温劝他：“您以匡复为口号，应该带着兵马向西，直指洛阳，这样天下都知道您志在支持皇上，四方都会响应您。”薛仲璋说：“金陵有王气，而且长江天险，非常坚固，不如先夺取常州（今江苏常州）和润州（今江苏镇江），作为称霸的基地。然后向北夺取中原，进能得胜，退能回归，这才是良策！”

魏思温说：“崤山以东的豪杰因为武氏专制，愤愤不平。听说您起兵，都自己蒸麦饭当粮食，拿锄头当兵器，等您的军队到来。您不趁这个气势立大功，却要退缩，自建巢穴。天下人知道了，谁不失望呢？”

可是李敬业并没有听从魏思温的建议，而是听从了薛仲璋的意见，派唐之奇守江都，自己带兵渡江去攻打润州。魏思温说：“兵力合在一起就强，分散就弱，李敬业不合力渡过淮水，收取崤山以东的人马去攻下洛阳，眼看就要失败了！”事情果然像魏思温所说的，很快，李敬业就兵败了。他的部下王那相砍下他和骆宾王的头，向太后投降了。

延伸故事

武承嗣和堂弟武三思觉得韩王李元嘉和鲁王李灵夔位高权重，几次劝太后杀掉他们。太后问朝中重臣，其他人都不敢说话，只有裴炎坚决不同意，太后就更不高兴了。

李敬业的队伍里有个人叫薛仲璋，是丞相裴炎的外甥。裴炎为了显示自己很冷静，就不急着议论讨伐李敬业，劝太后把国政交给皇帝。监察御史崔詧（chá）反驳说：“裴炎受了顾命重托，手握大权，如果他没有异心，怎么会让太后归还国政？”

于是太后把裴炎抓起来，派人审问，最后把裴炎处斩了。

想一想

骆宾王是“初唐四杰”之一，文学才能杰出，但他的政治才能怎么样呢？文学才能和政治才能之间有什么关系？

太后奖励告密

武太后因为独揽大权，总担心有人反对她，所以鼓动大家告密，不管说的是不是事实。结果造成诬告横行，连狄仁杰也不能幸免。可是，“多行不义必自毙”，这些滥用酷刑、诬告别人的人最终被武太后处死。于是，天下人可以安心睡觉了。

裴炎的侄子太仆寺丞裴伷先，刚十七岁，求见太后。太后召见他，质问他：“你伯父谋反，你还有什么话说？”裴伷先说：“我为陛下出主意，哪敢诉冤？陛下是李家的媳妇。先帝驾崩后，陛下独揽朝政，改立太子；贬斥李氏，封赏武氏。我的伯父忠于社稷，却被诬陷有罪，连子孙都被杀。陛下这样做，我实在感到惋惜！陛下应该早点儿复立皇帝，自己退下，高枕深居，那陛下的宗族就可以保全。如若不然，天下一变，就无可挽救了！”

太后大怒，骂道：“胡说，你这小子敢说这样的话！”命令左右把他拉出去。裴伷先却反复喊了三遍：“现在采纳我的意见，还不算晚！”太后命令在朝堂上打裴伷先一百杖，流放瀼州（今广西上思西南、宁明东南地区）。

太后大开告密之门

公元686年正月，太后下诏将国政归还给皇帝。唐睿宗知道太后不是诚心的，就坚决推辞。于是太后又继续主持国政，大赦天下。

太后自从李敬业起兵后，疑心很多人都想谋害她；又觉得自己久掌国事，宗室大臣都有怨恨，心不服，所以她打算大开杀戒来威慑他们。于是她大开告密之门，有告密的，臣下不能过问，还要给告密者提供住宿和车马，享用五品官应享的食物，让告密者去见她。就是农夫和樵夫，也都得到召见，让他们住宾馆。如果他们说的话称她的意，就给他们官做；如果说的不是实情，也不追究。所以四方告密者蜂拥而起，搞得人心惶惶。

索元礼、周兴、来俊臣等人就以告密获得太后赏识，他们还用各种酷刑审问犯人，逼迫他们承认罪行。犯人见到刑具，都战栗流汗，不等用刑就承认有罪。所以朝廷内外都害怕他们，超过害怕虎狼。而太后却觉得他们很忠心，更加宠幸他们。

公元689年三月，陈子昂给太后上奏章，建议："应该减轻刑罚，崇尚道德；停止打仗，减轻赋税；抚慰宗室，让他们安心。"陈子昂写得情真意切，文字也很优美。他反对太后滥用酷刑，但是太后不听。

延伸故事

公元690年九月，太后把国号改为"周"，自己当了皇帝，还给自己起了个新名字叫"曌（zhào）"，意思是"日月当空"。武曌同时还改了历法，她把永昌元年十一月（**公元690年十一月，"永昌"是太后当政所用的年号**）改为载初元年正月（"**载初**"**也是年号**），把十二月改为腊月，把夏正月改为一月。到二月的时候，武曌在洛城殿考察参加科举考试的贡士，这就是殿试的开端。

来俊臣的诬告

公元691年，有人告发周兴和丘神勣同谋，太后命令来俊臣审问。

来俊臣跟周兴一起吃饭，他对周兴说："犯人们大多不认罪，该怎么办呢？"周兴说："这很容易。拿一口大瓮，在瓮的四周用炭火烤；把犯人放在瓮里，还有什么事他不承认呢？"于是来俊臣找来一口大瓮，按周兴说的用炭火烤，然后站起来跟周兴说："有人告发你，就请老兄到这个瓮里。"周兴大惊失色，当即叩头认罪。依法应当处死周兴，但是太后原谅了他，把他流放到岭南，结果他在路上就被仇家杀了。

太后很器重狄仁杰，曾经跟他说："你在汝南（今河南汝南）做了很多好事。你想知道说你坏话的人是谁吗？"狄仁杰谢绝了，说："陛下如果认为我有过失，我会改正；陛下如果知道我没有过失，那是我的幸运。我不愿知道说我坏话的人。"太后听完，深深赞叹。

可是，即便是受太后器重的狄仁杰，也难逃被来俊臣诬陷。来俊臣说："只要狄仁杰承认谋反，就可以免除死罪。"狄仁杰就认罪了。后来太后召见狄仁杰，问他："你为什么承认谋反？"狄仁杰说："我如果不承认，早就死于严刑拷打了。"但是，太后还是把狄仁杰贬为彭泽（今江西彭泽）令。不过，太后后来又任命狄仁杰当了宰相。

公元697年，来俊臣打算诬告武氏诸王和太后的女儿太平公主，又打算诬告皇嗣李旦和庐陵王李哲谋反。武氏诸王和太平公主很害怕，就一起去告发他，把他关进牢里，判了死刑。太后想赦免他，却迟迟没有下令。但是几位大臣都认为来俊臣是国家最大的奸贼，坚决要处死他，于是太后终于同意了。

处死来俊臣之后，太后知道天下人都很恨他，又下诏列数他的罪状，还说："应该灭他的族，来平息天下人的愤怒，并依法抄他的家。"官员和百姓都庆贺地说："从今天开始，睡觉终于可以后背贴着席子，一觉睡到天亮了！"

想一想

你觉得武曌奖励告密的行为，是好还是不好？

武曌想传位给武氏

武太后年老以后，为立武氏还是李氏为太子的问题纠结，经过狄仁杰、吉项等大臣的劝谏，终于下定了决心。即使强悍如武则天，她也只能自己当皇帝，却无法把皇位传给武氏，皇权终究还是按封建父系血缘的逻辑往下传承。

公元698年，武承嗣、武三思密谋想当太子，多次找人劝说武曌："自古天子没有立异姓为太子的。"武曌犹豫不决。

狄仁杰总是跟武曌说："太宗皇帝（李世民）栉风沐雨、亲冒锋镝，才能平定天下，传给子孙。高宗皇帝（李治）把两个儿子（李旦、李哲）托付给陛下。陛下如果要把皇位传给别族，这样不顺天意吧？而且姑侄和母子谁更亲？陛下立儿子当皇帝，那您千秋万岁后还能受到子子孙孙祭奠。如果立侄儿，没听说过侄子当天子却把姑妈供在宗庙的。"

武曌说："这是朕的家事，你不必过问。"狄仁杰说："王者四海为家，四海之内，都是陛下的臣子，什么事情不是陛下的家事呢？国君是头脑，大臣是臂膀，是一个整体。我既然当宰相，怎么能不过问呢？"狄仁杰又劝武曌召回庐陵王。武曌稍稍有些醒悟。

过了几天，她又跟狄仁杰说："朕梦见大鹦鹉的两个翅膀都折断了，是什么意思？"狄仁杰说："鹉，同音'武'，就是陛下的姓；两个翅膀，就是陛下的两个儿子。陛下起用两个儿子，那两个翅膀就好了。"于是武曌不再有立武承嗣、武三思当太子的想法。

吉顼劝说武曌传位于李氏

武曌宠幸张易之、张昌宗兄弟。大臣吉顼跟他们说："你们兄弟如此受宠幸，不是因为有什么道德功业，因而天下咬牙切齿恨你们的人很多。如果你们不能立下大功，将来如何自保？我为你们感到担忧！"两人很害怕，哭着问他该怎么办。

吉顼说："天下百姓都没有忘掉唐朝的恩德，都想念庐陵王。现在陛下年纪大了，大业要有所托付。大家都不喜欢武氏诸王，你们何不劝陛下顺应百姓的愿望，立庐陵王为太子？这样不仅可以免祸，还可以长保富贵。"

两人觉得很有道理，就多次找机会跟武曌说。武曌知道是吉顼的意思，就召见他。吉顼跟武曌详细说明利害关系，武曌终于决定立庐陵王李哲为皇太子，恢复他本来的名字李显。

延伸故事

武曌命令各位大臣推举尚书郎的人选，狄仁杰推荐了他的儿子狄光嗣。结果，狄光嗣上任后很称职，武曌很高兴，说："你跟祁奚一样，内举不避亲啊！"

吉顼被贬

公元700年，吉顼与武懿宗在武曌面前争功。吉顼身材高大、口才好，武懿宗则矮小驼背。吉顼看着武懿宗，声色凌厉。武曌很不高兴，说："吉顼在朕的面前都看不起武氏人，将来可怎么办？"

过了几天，吉顼向武曌奏事，正在援古引今，武曌突然生气地说：“你所说的，朕听得够多了，不要再说了！从前太宗皇帝有一匹马叫作狮子骢，没人能驾驭它。朕当时是宫女跟在太宗身边，对太宗说：‘我能制服它，但是必须有三件东西，一是铁鞭，二是铁棍，三是匕首。如果用铁鞭抽它，它不服的话，就用铁棍敲它的脑袋；还不服的话，就用匕首割断它的喉咙。’太宗觉得我说得很好。难道你今天想弄脏朕的匕首吗？”

吉顼吓得满头大汗，拜倒在地，求武曌饶命，武曌才作罢。而武氏诸人怨他拥立庐陵王，趁机告发他弟弟违法的事，他也因此被贬官到外地。

临走的时候，武曌召见他，他流着眼泪说：“我今天远离朝廷，再也没有见到陛下的机会了，我有一句话要说。”武曌让他坐下，问他有什么话。

吉顼说：“把水和土搅和成泥，会有争斗吗？”武曌说：“没有。”吉顼又说：“把泥分两半，一半做成佛像，一半做成天尊（道教神祇）像，会有争斗吗？”武曌说：“有！”吉顼叩头说：“宗室和外戚各安本分，那天下就安宁了。如今太子已经立了，外戚还在当王，这是陛下在让他们今后必有争斗，两边都不得安宁啊！”武曌说：“朕也知道，但是事已至此，无可奈何了。”

武曌重用狄仁杰

武曌特别信任狄仁杰，其他大臣都赶不上狄仁杰，她常常称呼狄仁杰为“国老”，而不称他的名字。狄仁杰喜欢跟武曌当面争论，武曌经常违背自己的心意听从狄仁杰的意见。

有一次，狄仁杰跟随武曌出游，遇到风把头巾吹落了，而马受了惊吓停不下来。武曌命令太子追上他的马，抓住马的笼头把马拴好。狄仁杰因年老多病，多次请求退休，武曌都不同意。

狄仁杰去见武曌时，她经常不让他下拜，说："每次见到您下拜，我的身体也痛。"武曌还免掉狄仁杰值夜班的工作，跟他的同僚说："如果不是军国大事，不要去打扰狄公。"

狄仁杰去世后，武曌哭着说："朝堂没人了！"自此以后，朝廷有大事不能决定，武曌就会叹息："老天为什么这么早就夺去我的国老？！"

武曌曾经问狄仁杰："朕想得到一个贤人，用他为官，谁合适呢？"狄仁杰问："不知道陛下想用他当什么官？"武曌说："想用他为将相。"狄仁杰说："如果要用文学杰出的，可以选苏味道、李峤。如果一定要选奇才，那可以用荆州长史张柬之，他虽然老了，但确实是宰相之才。"于是武曌提拔张柬之当洛州司马。过了几天，武曌又问狄仁杰，狄仁杰说："我之前推荐的张柬之，还没有任用啊。"武曌说："已经提拔他了。"狄仁杰说："我所推荐的是当宰相的人，不是司马。"于是武曌又提拔他当秋官侍郎，过了很久，终于任命他为宰相。

狄仁杰还推荐了几十个人，他们都成为名臣。有人对狄仁杰说："天下桃李，都在狄公门下！"狄仁杰说："我推荐贤人是为了国家，不是为了私人。"

想一想

武曌虽然想传位给武氏，但是为什么最终没有传位给武氏？

武曌退位

再厉害的人终归也有老去的一天，武则天也不例外。趁她病重，拥护太子李显的大臣发动兵变，逼迫她退位，还政给太子，一代女皇的传奇从此落幕。

公元705年正月，武曌病重，张易之、张昌宗兄弟掌权。

张柬之等多位大臣合谋要除掉他们。张柬之对右羽林卫大将军李多祚说："将军今日的富贵，是谁给的呢？"李多祚哭着说："是高宗皇帝。"张柬之又说："如今高宗皇帝的儿子被两个小人威胁，将军不想着报答高宗皇帝的恩德吗？"李多祚说："如果有利于国家，我任凭您安排，不敢顾及自己和妻儿安危！"于是李多祚指着天地起誓，跟张柬之订下计划。

张柬之又任命了几个人当左、右羽林将军，派他们掌管禁军。张易之等人有所警觉，惊疑害怕，张柬之就让他们的同党武攸宜当右羽林大将军，张易之兄弟才稍微安心。

张柬之的计划推动武曌退位

张柬之等人偷偷跟太子汇报了计划，太子表示同意。然后，张柬之等人带着左、右羽林兵五百多人去玄武门，派李多祚、李湛、王同皎去东宫迎接太子。

太子有疑虑，不敢出来。王同皎说：“先帝把皇位传给殿下，殿下却横遭废黜，人神共愤，已经二十三年了！如今天赐良机，我们同心协力诛杀奸贼，恢复李氏社稷，愿殿下去玄武门，顺应大家的愿望。”

太子说：“奸贼确实应当消灭，但陛下身体不安，这样做能不惊吓到她吗？诸位再等等吧。”李湛说：“诸位将相不顾家族，为了国家出力，殿下为什么要让他们受烹煮之刑呢？请殿下自己去跟他们说吧。”太子这才出来。

王同皎抱太子上马，到了玄武门，打开宫门进去。武曌住在迎仙宫，张柬之等人杀死张易之、张昌宗，进到武曌的寝宫长生殿，团团包围。

武曌惊吓之余，问道：“是谁作乱？”张柬之回答说：“张易之、张昌宗谋反，臣等奉太子的命令杀死了他们。担心泄露消息，所以不敢让您知道。我们在禁宫里动武，罪该万死！”

武曌见到太子，说道：“原来是你。小人既然已经被杀，你可以回东宫了。”桓彦范说：“太子怎么能回东宫？从前天皇把爱子托付给陛下，如今太子年纪大了，久住东宫，天意、人心都思念李氏。群臣不忘太宗、天皇的恩德，所以侍奉太子诛杀贼臣。愿陛下传位给太子，以顺应天意、人心！”

李湛是李义府的儿子，太后看见他，说：“你也是杀死张易之的人吗？我待你们父子不薄，今天你居然做出这种事！”李湛很惭愧，无话可说。

武曌又对崔玄暐说：“其他人都是别人推荐的，只有你是我亲自提拔的。你也参加了今天的事？”崔玄暐说：“我这样做正是报答陛下的大德。”

武曌传位给中宗李显

于是武曌传位给太子，唐中宗李显再次继位。天下大赦，只有张易之的同党不被赦免。以前被周兴等人所冤枉的，都平反昭雪，皇族也都平反。武曌迁居上阳宫，由李湛负责守卫。唐中宗率领百官去上阳宫拜见武曌，给她一个尊号“则天大圣皇帝”。

十一月，武则天在上阳宫驾崩，终年八十二岁。她颁布遗命：“去掉帝号，称则天大圣皇后。王、萧二族和褚遂良、韩瑗、柳奭的亲属都赦免。”

武则天是中国历史上唯一的女皇帝，在《资治通鉴》这部以男性为主的历史书里，她占有很重要的一席之地。

她在位期间，一方面任用酷吏，残害了很多人；另一方面，她也任用了很多贤人，做了很多事情。她死后立了一块无字碑，上面一个字也没有刻，大概意思是功过留待后人评说吧。

想一想

你怎么评价武则天这一生的功过？

唐武则天时期前后帝王谱系

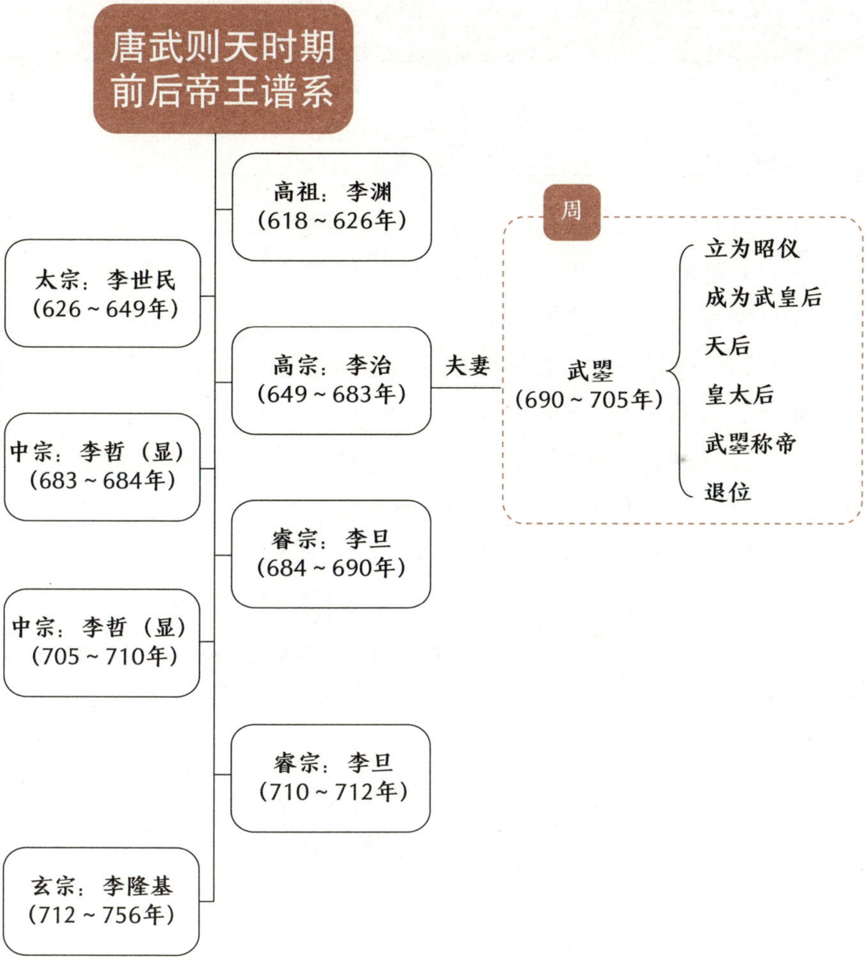

武则天退位以后，唐朝历经中宗、睿宗两朝，唐玄宗李隆基继位。他在早期励精图治，缔造了开元盛世。可惜后来他宠爱杨贵妃，任用李林甫、杨国忠等人为相，宠信胡人安禄山，酿成了安史之乱，唐朝从此由盛转衰。唐朝后期，藩镇割据，宦官专权，朋党纷争，外族入侵，皇帝失势，民不聊生，终于爆发黄巢起义。朱温出身贫寒，二十多岁投奔黄巢，得到黄巢的器重。但是，朱温看黄巢攻打唐军不利，公元882年就投降了唐朝，又得到唐僖宗的重用，给他赐名“朱全忠”。然而，朱全忠并不“全忠”，他在公元907年以禅让的名义篡夺了唐朝政权，建立后梁，随后就把唐朝宗室残酷诛杀了。历史从此进入五代（梁、唐、晋、汉、周）时期，这段时间非常短暂，总共只有五十三年。

在这个故事里，朱温篡夺了唐朝的天下，跟萧衍、杨坚做了同样的事情。不同的地方是，朱温一直在征战四方，没有时间处理内政，所以他的政绩看起来就是杀人如麻。而萧衍、杨坚的政绩看起来就突出得多。同是谋朝篡位，朱温给人的观感就远不如萧衍和杨坚。大家可以分析一下这里边的玄机。

第13章

投唐又篡唐的奸雄朱温

用辩证思维看历史人物，不要非黑即白

朱温投降唐朝

黄巢曾经几次参加科举考试，但是都没有考中，他一气之下，写了一首《不第后赋菊》："待到秋来九月八，我花开后百花杀。冲天香阵透长安，满城尽带黄金甲。"这首诗怨气满满，杀气腾腾。后来，他参加了王仙芝领导的农民起义，自称"冲天大将军"，带兵杀入长安。而朱温虽然一开始跟随黄巢造反，但是后来一看唐军势力强大，就转身投靠了唐朝。朱温这样做，不是弃暗投明，而是见风使舵。

公元880年十二月，农民起义领袖黄巢带兵杀入长安，在含元殿即皇帝位。他在黑色丝衣上画画改成龙袍穿在身上，敲战鼓代替金石音乐。

"广"的繁体字是"廣"。

黄巢登上丹凤楼，大赦天下。改国号为大齐，改年号为广明，广明的意思是去掉"唐"的下半部分加上黄家日月，黄巢认为这样很吉利。黄巢立妻子曹氏为皇后，唐朝原来的官员三品以上的全部革职，四品以下不变。

朱温投唐

黄巢手下有一个将领叫朱温，很得重用。

这时候，朱温发现唐朝军队还是很强大，而黄巢的势力越来越小，觉得黄巢很快就要灭亡。这时，他手下的将领胡真、谢瞳劝朱温归顺朝廷。

于是，公元882年九月，朱温杀死监军严实，投降了唐汉中节度使王重荣。朱温因为母亲姓王，就认王重荣为舅舅。之前王重荣带领唐兵几次打败过他。

唐僖宗李儇很高兴，任命朱温为右金吾大将军、河中行营招讨副使，赐给他一个新名字叫“全忠”，以表彰他对唐朝的忠心。后来又任命他为宣武节度使，成为割据一方的藩镇。

掉转枪口攻打黄巢

朱全忠背叛黄巢后，就毫不留情地跟黄巢对打。

他跟黄巢的军队在鹿邑（**今河南鹿邑**）大战，砍掉黄巢两千士兵的人头。但是，黄巢的军队还是很强大，朱全忠支持不住，就去找河东节度使李克用求救。

李克用带着人马和朱全忠一起打败了黄巢。黄巢带着残兵不到一千人，向东逃往兖州。

李克用在后面紧紧追赶，因为行军很急，能跟上他的只有几百骑兵。他们昼夜行军两百多里，人困马乏，粮食也吃光了，就回到汴州（**今河南开封一带**），想带上粮食再去追。后来他们抓到了黄巢的小儿子，缴获了车辆、服装、官印，还得到黄巢抢来的上万名男女，李克用把他们都放了。

想一想

朱温为什么背叛黄巢？唐僖宗给朱温赐名“全忠”，他会忠于唐朝吗？

朱温和李克用——一生之敌

李克用是沙陀族人，因为忠于唐朝，被皇帝赐姓李。一开始他和朱温共同作战打黄巢，可是后来朱温阴谋要杀害李克用，他们从此反目成仇，打了一辈子。虽然他们名义上都是唐臣，但是皇帝控制不了他们，只能看着他俩越打地盘越大，而唐朝越来越衰弱。

李克用到了汴州，驻扎在城外。朱全忠坚持请李克用进城，让他住在好地方。朱全忠安排了美酒和音乐，还有美食，对李克用很恭敬。李克用喝多了酒，对朱全忠不太客气，朱全忠心里不高兴。

到傍晚的时候，酒席散了，大家都喝醉了。朱全忠的手下杨彦洪与他密谋，用马车堵住道路，发兵包围了李克用的住处，士兵的喊声惊天动地。

李克用因为喝醉了，完全听不到。他的亲兵薛志勤、史敬思等十几个人拼命抵抗；他的仆人郭景铢把蜡烛吹灭，把李克用扶到床下，用水冲他的脸，他才清醒过来。

郭景铢告诉他情况危急，他才睁大眼睛拿着弓箭站起来。四面都是火光，又下起了大雨，打起了雷，天色特别黑。

薛志勤射死了朱全忠的几十个兵，扶着李克用，带着几十个人，翻过院墙突围，乘着闪电逃跑。

朱全忠的人堵住桥，李克用的人拼尽了全力才冲出去。史敬思因为在后面掩护，战死了。

李克用登上城门，用绳子吊着出了城，跟着他的监军陈景思等三百多人，都被朱全忠的人杀掉了。

杨彦洪跟朱全忠说：“胡人（李克用为沙陀族人）一遇到紧急情况就骑马，您看到骑马的人就射他。”好巧不巧，当天晚上，杨彦洪骑马刚好在朱全忠前面，朱全忠一箭射去，竟把杨彦洪射死了。

李克用的妻子刘氏，很有智谋。李克用的手下有先从汴州城逃回来的，告诉她李克用有难。刘氏不动声色，立刻把他们杀了，之后偷偷召见大将，打算带军队回去。

到了天亮的时候，李克用回来了，想带兵去打朱全忠，刘氏说：“您之前为国讨伐贼人，救东边诸侯的急。现在汴州人不讲道义，谋害您，您应当去朝廷告状。如果擅自发兵去攻打，天下人怎么知道谁是谁非呢？朱全忠就有借口了。”

李克用听从了她的意见，撤兵回去了，只是给朱全忠写了一封信叱责他。

朱全忠回信说：“之前的变故，在下不知情，是朝廷派的人跟杨彦洪商量的阴谋，现在杨彦洪已经死了，请您原谅。”

李克用向皇帝状告朱温

李克用回到自己的地盘晋阳（今山西太原）后，大举练兵，又派他的将领李承嗣去找唐僖宗告状，说：“我有破黄巢的大功，却被朱全忠谋害，只有自己逃脱，手下的三百多人都被他杀害了。朱全忠还到处说我死了，杀我的将士。我的将士都哭诉喊冤，要找朱全忠报仇。我觉得朝廷最公正，应该等朝廷的诏令，再做打算。我请求皇上派使者调查，发兵讨伐朱全忠。我派弟弟李克勤带着一万名骑兵在河中等待您的命令。”

可是当时朝廷因为刚刚平定黄巢，只想着安抚诸侯。看了李克用上的奏章，皇帝很惊恐，只是派了使者去给李克用颁了一道表彰的圣旨，让他跟朱全忠和解。

李克用不甘心，前后上了八道奏章，说：“朱全忠嫉贤妒能，阴险狡诈，将来必定成为国家大患。我乞求皇上下诏革去他的官爵。我带着兵马去讨伐他，不用朝廷给我粮饷。”

唐僖宗却始终和稀泥，跟他说：“我深知你的冤屈。但是现在局势危急，你要顾全大局。”

李克用终究愤愤不平，很郁闷。当时各个藩镇互相攻击，朝廷都不出来主持公道，所以藩镇就互相吞并，一切用武力解决。

朱全忠向皇帝状告李克用

公元888年三月，唐僖宗驾崩，他的弟弟李晔继位，就是唐昭宗。

朱全忠也上奏章告李克用的状，说：“李克用终究会成为国家大患，我请求朝廷派我带兵去除掉他。”

他们两个人就这样互相攻击了一辈子，可是谁也没打赢谁，他们可以称作“一生之敌”。他们打了几十年后，各自的势力越来越强大，朱全忠以大梁作为根据地，李克用以晋阳作为根据地。

想一想

朱温和李克用为什么要互相攻击？他们谁对谁错？

朱温篡唐

经过二十多年苦心经营，朱温觉得篡唐自代的时机成熟，就毫不留情地杀害了唐昭宗和他的儿子们，自立为后梁皇帝。朱温一生的敌人李克用也死了，可是朱温并不能高枕无忧，因为李克用的儿子李存勖继承了王位，继续跟朱温打仗，而且多次打败朱温。

到了公元904年八月，朱全忠觉得唐昭宗不好控制，就想新立一个年幼的皇帝，以后好取而代之。

朱全忠指使养子朱友恭趁着晚上，进宫把唐昭宗杀了，立了一个十三岁的小皇帝，就是唐昭宣帝。

朱全忠得到消息后，假装很震惊，扑地大哭，说："这些奴才害我，让我千秋万代遭受骂名！"

后来，他去唐昭宗的灵前痛哭流涕；又去见唐昭宣帝，辩解说杀唐昭宗不是自己的意思，请求惩罚凶手。

于是，朱全忠找了个借口，说朱友恭纵容士兵在集市上抢米，先把他贬职当崖州司户，后来又赐他自杀。

朱友恭死前大叫："出卖我来堵天下人的口，骗得了鬼神吗？朱全忠这样做事，还会有后代吗？"

第二年，朱全忠一不做，二不休，把唐昭宗的儿子全都勒死了，还把尸体扔到水池里。

杀人如麻的朱全忠

朱全忠打了一辈子仗，心狠手辣，杀人如麻。

朱全忠曾经把被贬官的三十多人关押起来，一晚上都杀掉，还把尸体投到黄河里。这是因为他有个大臣叫李振，之前多次考进士却考不中，就很痛恨那些考中进士当官的人。他跟朱全忠说：“这些人常常自命清流，应该把他们扔到黄河里，让他们成为浊流！”朱全忠大笑，就按他说的做了。

又有一次，朱全忠和手下以及游客坐在大柳树下，他说道：“这棵树适合做车的轮毂。”大家都没说话，只有几名游客附和他。

朱全忠勃然大怒，厉声喝道：“书生喜欢随声附和，玩弄别人，都是这一类的！车的轮毂必须用榆树，怎么可以用柳树？”他看了一眼手下，说：“你们还等什么？”于是他的手下几十个人就把附和的人都打死了。

朱全忠篡唐即位

公元907年二月，朱全忠让唐昭宣帝禅位给他，国号改为梁，都城定在大梁，朱全忠改名叫朱晃，就是后梁太祖。他的大哥朱全昱（即朱昱）听说朱全忠要当皇帝，对他说：“朱老三，你能当天子？！”

后来，朱全忠跟宗亲在皇宫中喝酒赌博，喝得正高兴的时候，朱全昱忽然用力把骰子扔到盆中撞碎，斜眼看着朱全忠说：“朱老三，你本来是砀山的一个百姓，跟着黄巢当强盗，唐朝天子让你当四镇节度使，已经富贵至极了！你为什么还要灭掉唐家三百年的社稷，自称帝王！你马上就要灭族了，还赌什么博啊？”朱全忠很不高兴地走了。

公元908年，朱全忠毒死了唐昭宣帝。

李克用死了之后，儿子李存勖继承王位。朱全忠跟他继续打仗，也很欣赏他，感叹：“生儿子就应该生像李存勖这样的！我的儿子，只不过是猪狗！”

公元909年，朱全忠迁都洛阳。

想一想

朱温为什么对唐王室这么狠毒？之前的各个故事里，是不是也有类似的情况？

朱温被儿子杀死了

奸雄暮年，朱温也终于老病缠身，他的儿子们趁机作乱，将他杀死，然后自相残杀。他一生杀人无数，大概没想到自己会死在儿子手里。而他的儿子十几年后被李存勖打败自杀，后梁灭亡。

公元911年，朱全忠病重，跟近臣说："我治理天下三十年，没想到太原余孽（指李存勖）越来越猖狂！我看李存勖志向不小，可惜上天不给我时间。我死了以后，我的儿子们不是李存勖的对手，我会死无葬身之地啊！"朱全忠说完就哽咽起来，晕了过去。

朱全忠的大儿子郴王朱友裕死得很早；二儿子是养子博王朱友文，朱全忠特别喜欢他，常常让他留守大梁；三儿子郢王朱友珪，他母亲是亳（bó）州（今安徽亳州）军营的娼妓，朱全忠并不喜欢他；四儿子是均王朱友贞。

上梁不正下梁歪

朱全忠的张皇后足智多谋，朱全忠很尊敬她，也很害怕她。

张皇后死了以后，朱全忠就开始放纵自己，沉迷女色，他常常让几个儿子的妻子去服侍他。

朱友文的妻子王氏长得很漂亮，朱全忠特别宠爱她。虽然朱全忠没有立朱友文为太子，但是一直有这个意思。

朱友珪心里很不平衡。他曾经犯过错，朱全忠拿鞭子抽了他一顿，自此之后，朱友珪心里更加不安。

朱全忠病重后，命令王氏去大梁召回朱友文，想跟朱友文诀别，并把皇位传给他。

朱全忠被儿子所杀

朱友珪的妻子张氏也日夜服侍朱全忠，知道了这个消息，偷偷告诉朱友珪，说："皇帝把传国玉玺给了王氏，送去大梁，我们死到临头了！"夫妻俩抱头大哭。手下有人建议："事情紧急就应生出计策了，何不想想办法？机不可失！"

六月，朱全忠准备让朱友珪去莱州（今山东莱州）当刺史，相当于贬职了。当时贬职的人多数被随后赐死，朱友珪更加害怕了。所以他偷偷化装去找左龙虎军的首领韩勍，跟他说了当前的情况。

韩勍也看到以往功臣宿将很多因为小过错就被处死，害怕自己也保不了命，就跟朱友珪合谋。他们带着士兵，埋伏在宫里，深夜冲进朱全忠的寝宫，服侍朱全忠的人都四散逃走了。

朱全忠从床上惊起，问："造反的是谁？"朱友珪说："不是别人，是我朱友珪！"朱全忠说："我一直怀疑你这个小贼，可恨没有早点儿杀掉你。你如此悖逆，天地岂能容你？"朱友珪说："老贼，你才该碎尸万段！"朱友珪的仆人冯廷谔一刀刺进朱全忠的肚子，刀尖从后背出来。

朱友珪把朱全忠的尸体用破毛毯一包，埋在寝殿里，隐瞒了朱全忠已死的消息。然后朱友珪派人赶去大梁，命令朱友贞杀掉朱友文。他以朱全忠的名义下了一道圣旨："博王朱友文谋反，带兵攻入皇宫，幸亏郢王朱友珪忠孝，带兵打死了他，保全了朕。但是朕的病因为受惊吓更加危重，所以朕把国事交给朱友珪。"

朱氏王朝的悲剧原因

等朱友文被杀之后，朱友珪才公布朱全忠的死讯和遗命，继承了皇位。但是，朱友珪当了皇帝之后，所作所为荒淫无道，皇宫内外都很愤怒。

朱友珪虽然赐给大臣很多金银财宝，但是人心还是不归附他。

两年之后，朱友贞就联合几路人马，突然攻入皇宫，杀死了朱友珪。然后，朱友贞当上了皇帝，把国都又改回大梁。

公元923年十月，李克用的儿子李存勖带兵打败后梁的大将王彦章，朱友贞走投无路，让部下杀死了自己，后梁灭亡。

朱全忠当年说他的儿子不是李存勖的对手，果然是这样。

朱全忠出身贫寒，从投奔黄巢到投降唐朝，并没有考虑什么忠孝节义，只是为了自身生存与发展，而他经过多年的东征西讨，也确实为自己打下一片江山。

但是，在这过程中，他经常不择手段，不讲信义，奸诈多变，虽然取得了一个又一个的胜利，但也导致他的手下都不敢相信他，甚至他自己的儿子都对他心存猜疑。最终，他死在自己儿子的手里。

司马光在《资治通鉴》全篇里，都特别强调“信义”，国君要有信义，大臣要有信义，民众也要有信义。无论在什么时代，信义都是非常重要的品质。如今，我们应该坚持信义。

想一想

朱全忠为什么没有早立太子？如果他早立太子，是不是就能避免被他儿子朱友珪杀死的悲剧？

短命的后梁

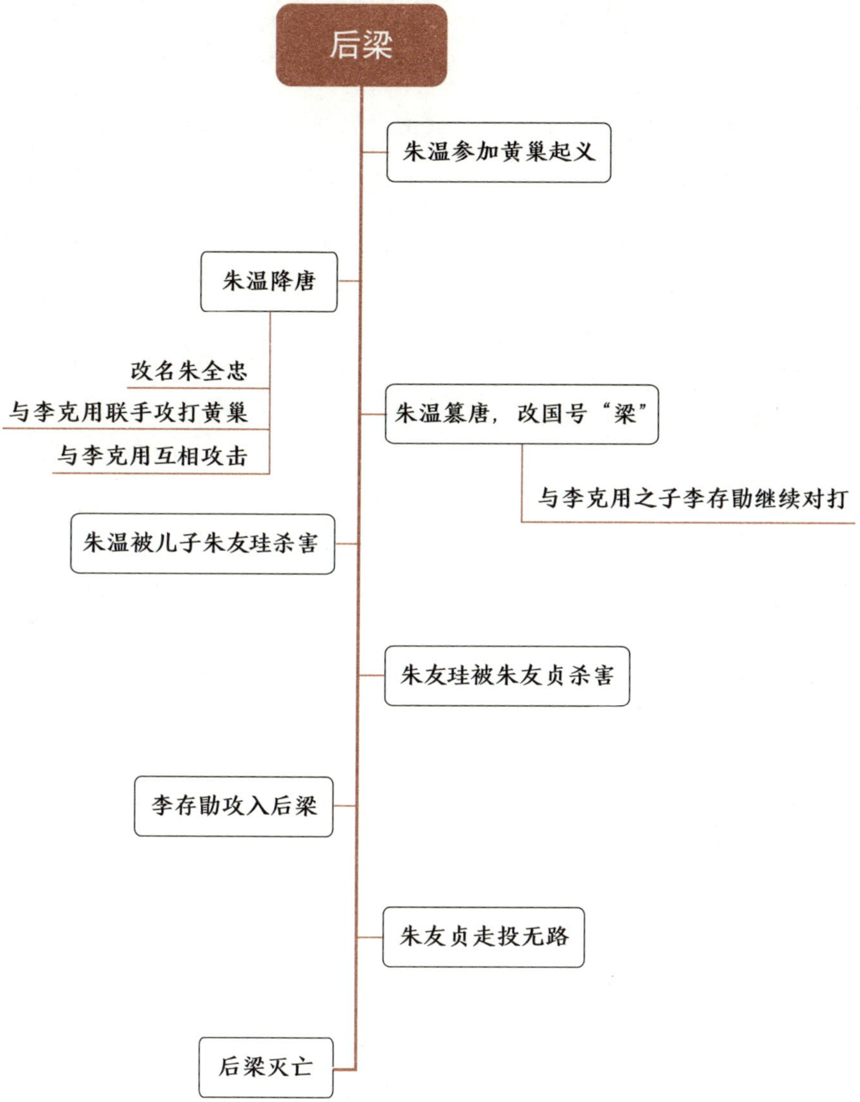
后梁
朱温参加黄巢起义
朱温降唐
改名朱全忠
与李克用联手攻打黄巢
与李克用互相攻击
朱温篡唐，改国号“梁”
与李克用之子李存勖继续对打
朱温被儿子朱友珪杀害
朱友珪被朱友贞杀害
李存勖攻入后梁
朱友贞走投无路
后梁灭亡

中国科学家爸爸思维训练丛书

中国妇女出版社

· 网址：www.womenbooks.cn
· 全国妇联主办的中央级综合性出版社
· 核心产品：亲子家教、孕产养育、青少读物、女性生活
· 屡获“中国图书奖”等国家荣誉
· 不懈追求一流出版物之卓越品质

特约策划：刘文昕
策划编辑：肖玲玲
责任编辑：耿 剑 肖玲玲
封面设计：尚世视觉 Q·1925790460·1273158535

科学家爸爸左手做科研、右手读历史
精心打造科学思维与人文思维相融合的历史课

- **有趣的读史方式，建立历史知识框架**
  16个重要历史人物串起浩瀚中华历史，轻松易读，建立起历史知识框架
- **多重学习价值，拓展知识面**
  收获史学、文学、哲学三重价值，从小夯实大语文学习基础
- **跨学科工具的运用，更多元的视角**
  数学建模、思维导图等工具带你用理工科思维解读历史故事，打破学科壁垒
- **历史思维能力训练，树立辩证史观**
  建立四大历史思维能力：发散思维、逆向思维、辩证思维、创造思维
- **学会独立思考，拥有更广阔的视野**
  培养独立思考能力，提升眼界和格局，迈出学习中国历史的第一步

中国妇女出版社微博　中国妇女出版社公众号　中国妇女出版社天猫旗舰店

上架建议：家庭教育
ISBN 978-7-5127-1902-6
9 787512 719026 >
定价：59.80元